LE
MÉCANICIEN CONSTRUCTEUR

ou

ATLAS ET DESCRIPTION DES ORGANES PRINCIPAUX QUI ENTRENT DANS LA CONSTRUCTION DES MACHINES

Tels que : Arbres, Supports, Poulies, Engrenages, Volants, Manivelles, Bielles, Balanciers, etc.

ŒUVRE POSTHUME DE LE BLANC

PROFESSEUR ET CONSERVATEUR DES COLLECTIONS AU CONSERVATOIRE DES ARTS ET MÉTIERS, MEMBRE DE LA LÉGION D'HONNEUR, ETC.

Ouvrage à l'usage des Écoles d'Arts et Métiers et des Ouvriers mécaniciens

FORMANT LE COMPLÉMENT DU CHOIX DE MODÈLES APPLIQUÉS A L'ENSEIGNEMENT DU DESSIN DES MACHINES

PUBLIÉ PAR Mme LE BLANC

La première Partie revue, corrigée et augmentée par M. FÉLIX TOURNEUX, Ingénieur, ancien Élève de l'École polytechnique

La 2me et la 3me Partie par M. L. CHAUMONT, ancien Élève de M. Le Blanc

ET PREMIER PRIX DU CONSERVATOIRE DES ARTS ET MÉTIERS, AUTEUR D'OUVRAGES SUR LE DESSIN INDUSTRIEL, DE L'ATLAS UNIVERSEL DE MACHINES, ETC.

OUVRAGE HONORÉ D'UNE SOUSCRIPTION MINISTÉRIELLE

ATLAS

PARIS
LIBRAIRIE SCIENTIFIQUE, INDUSTRIELLE ET AGRICOLE DE LACROIX

Réunion de l'ancienne Maison MATHIAS et du COMPTOIR DES IMPRIMEURS

15, QUAI MALAQUAIS, 15

L. CHAUMONT, RUE SAINT-ANDRÉ-DES-ARTS, 33

1860

TABLE

DES PLANCHES DU MÉCANICIEN CONSTRUCTEUR

AVEC RENVOIS AU TEXTE

Établissement d'Indret

Fig. 1.

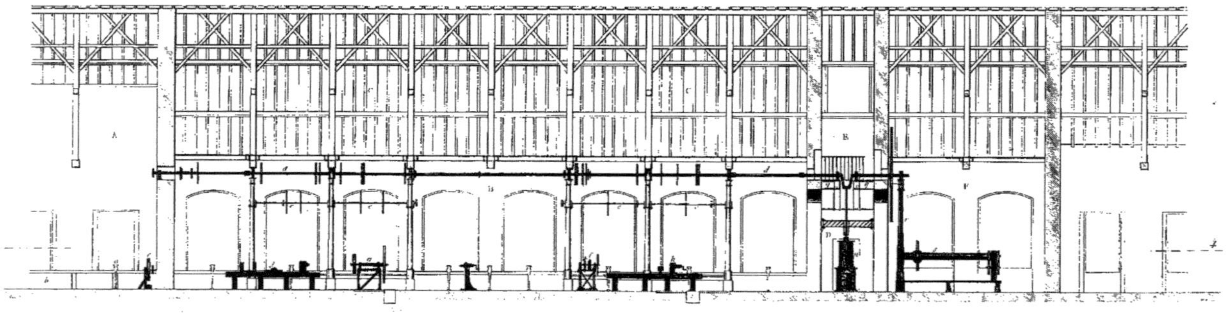

Fig. 2.

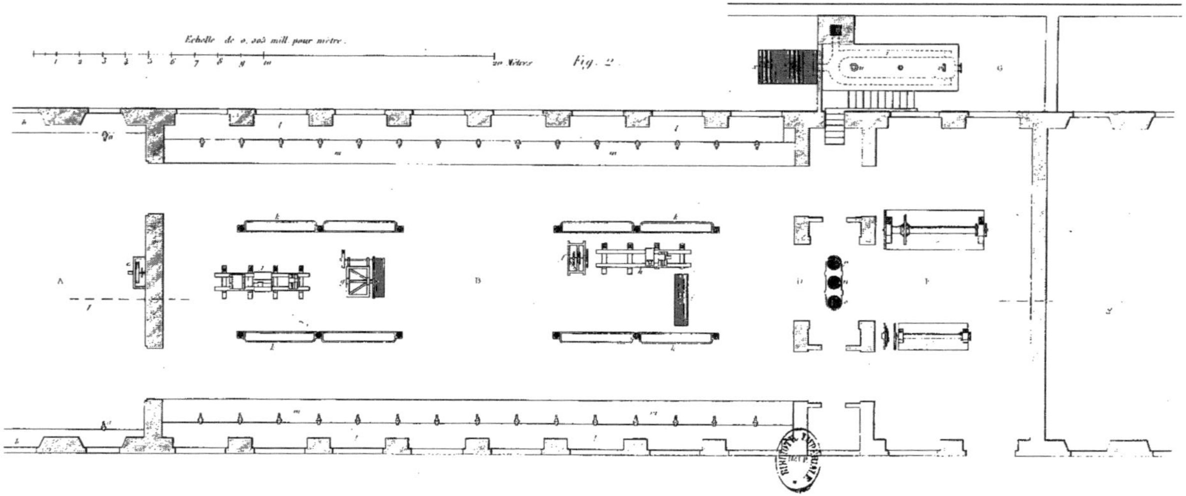
Echelle de 0,005 mill pour mètre.
1 2 3 4 5 6 7 8 9 10
20 Mètres

Impr. de Geny Gros, R. St Jacques 33.

L. Chaumont del. et sculp.

COMMUNICATIONS ET TRANSMISSIONS DE MOUVEMENT.

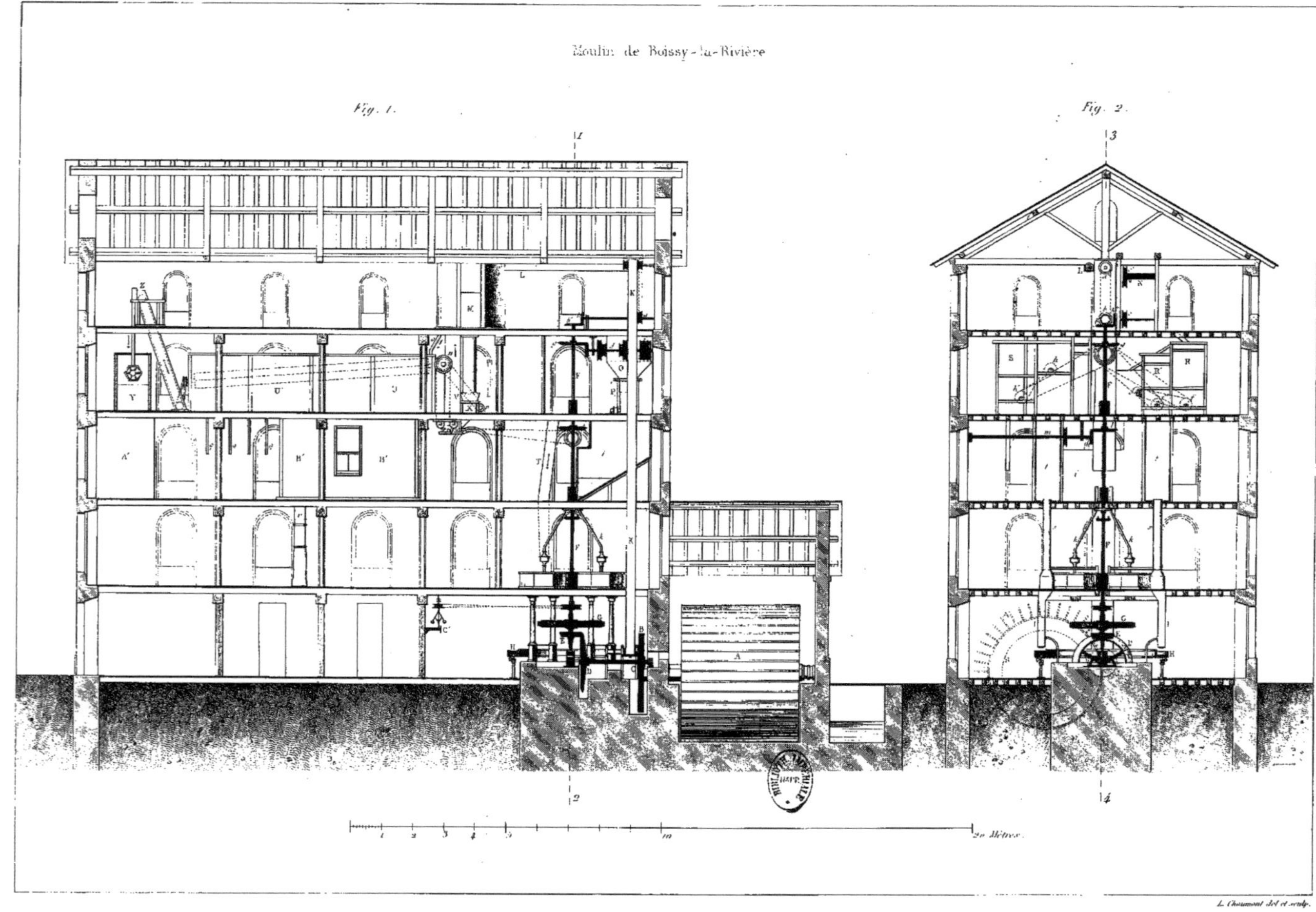

L. Chaumont del et sculp.

COMMUNICATIONS ET TRANSMISSIONS DE MOUVEMENT.

Filature d'Ourscamp

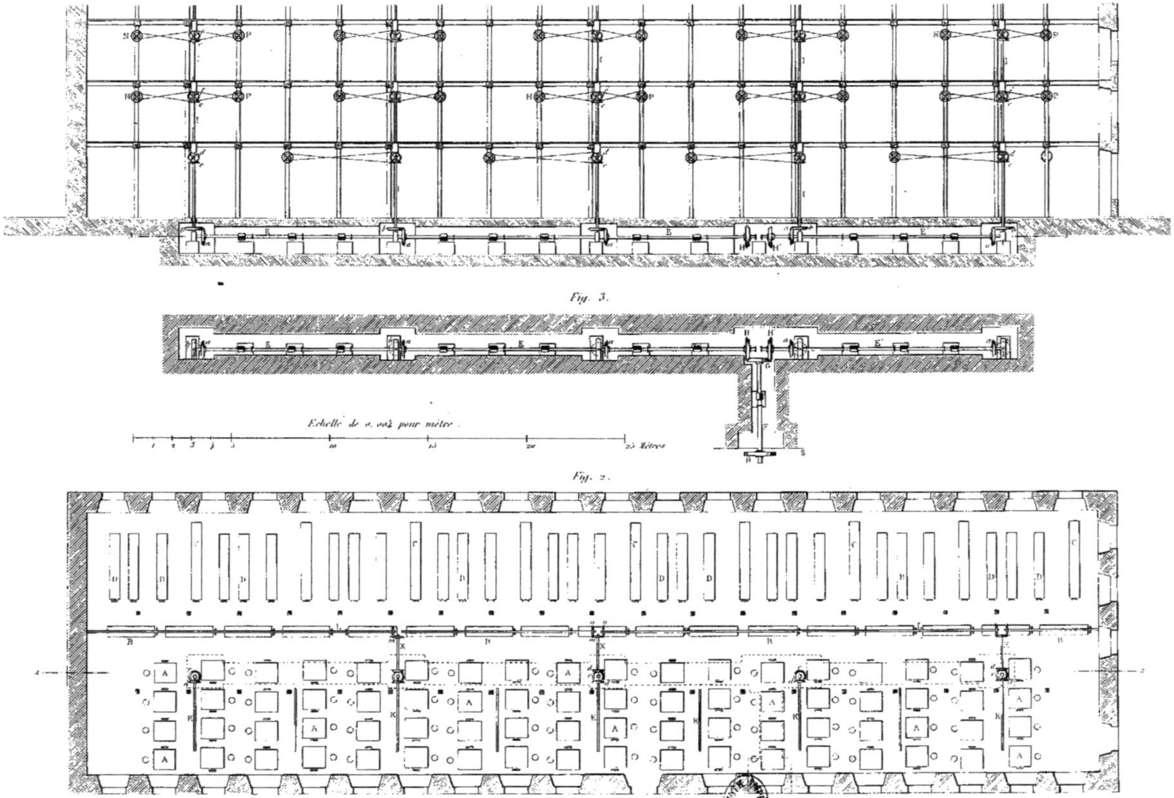
Fig. 1.
Fig. 3.
Echelle de 0,004 pour mètre.
25 Mètres
Fig. 2.

L. Chaumont del. et sculp.

BOULONS, ÉCROUS, INSTRUMENTS DE SERRAGE.

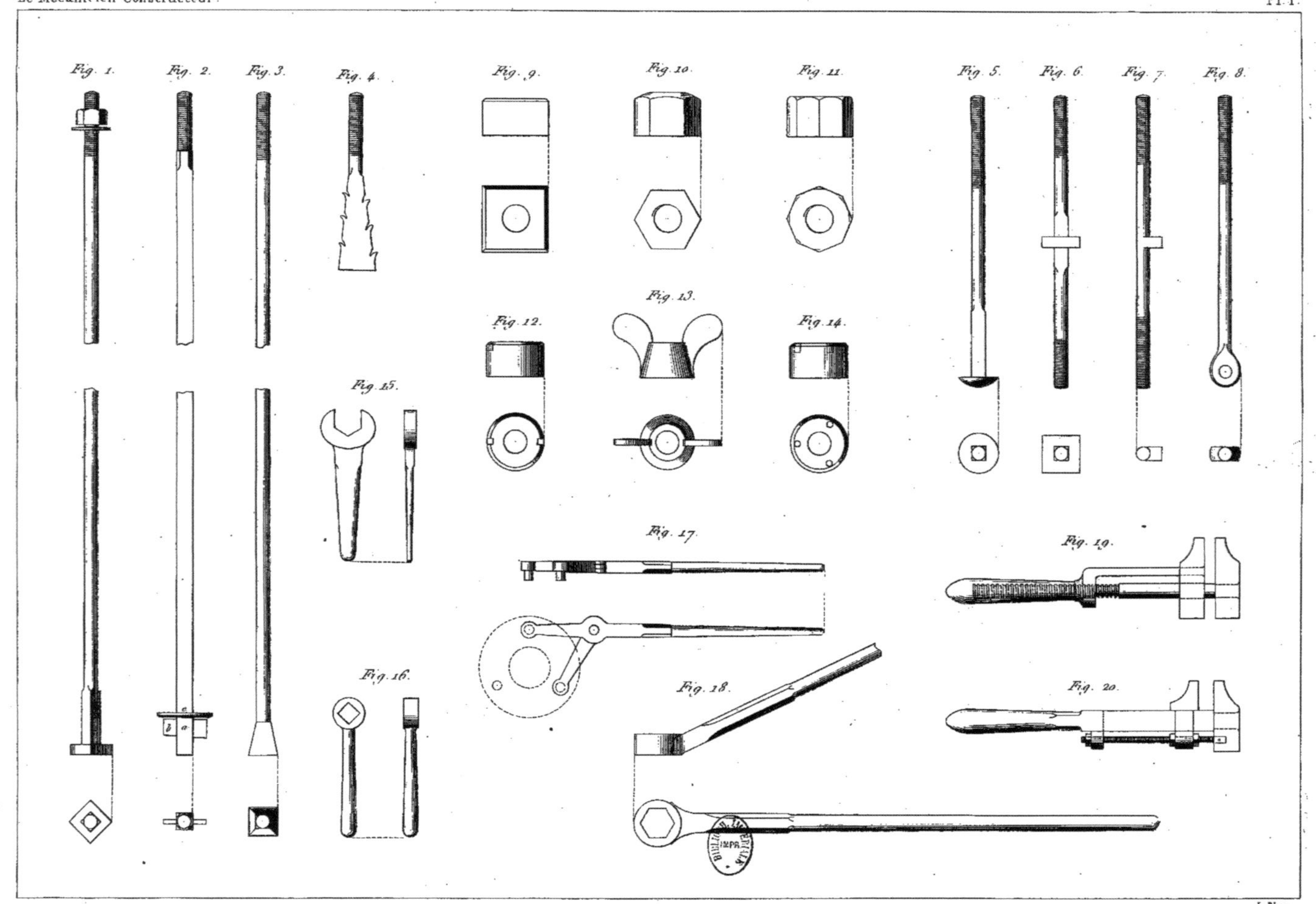

RIVETS, VIS, CLAVETTES ET CONTRECLAVETTES.

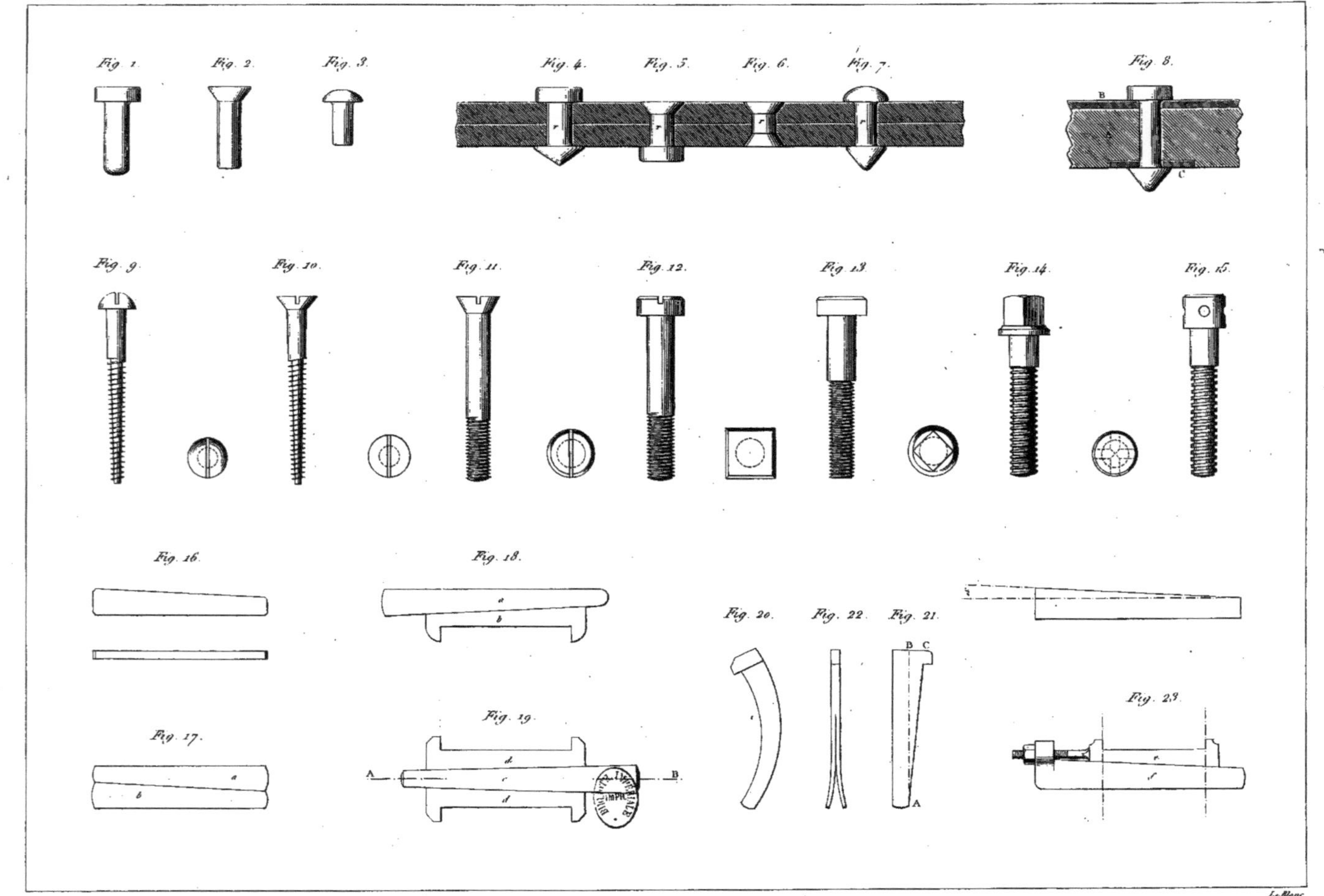

ARBRES EN FER.

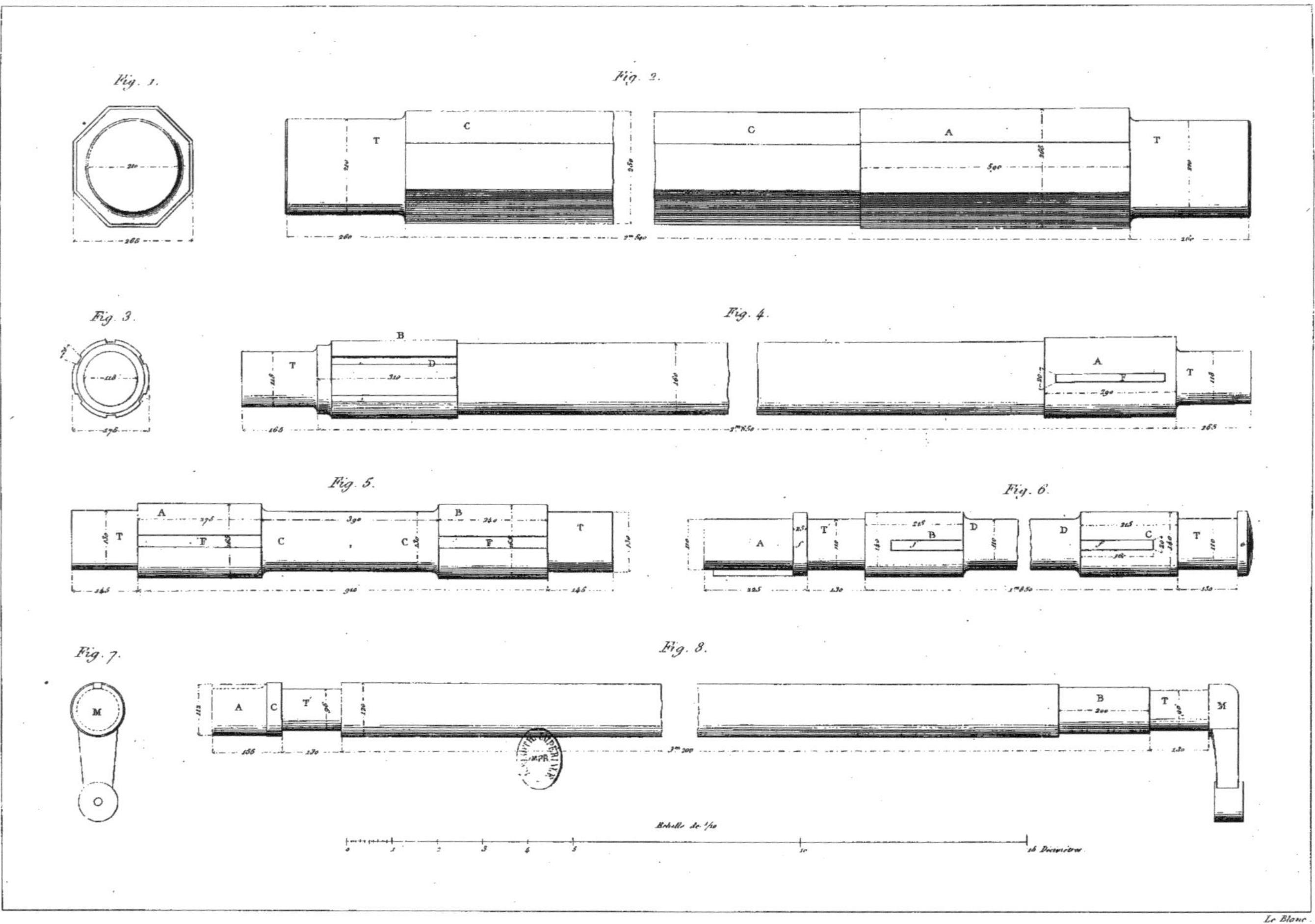

ARBRES EN FONTE.

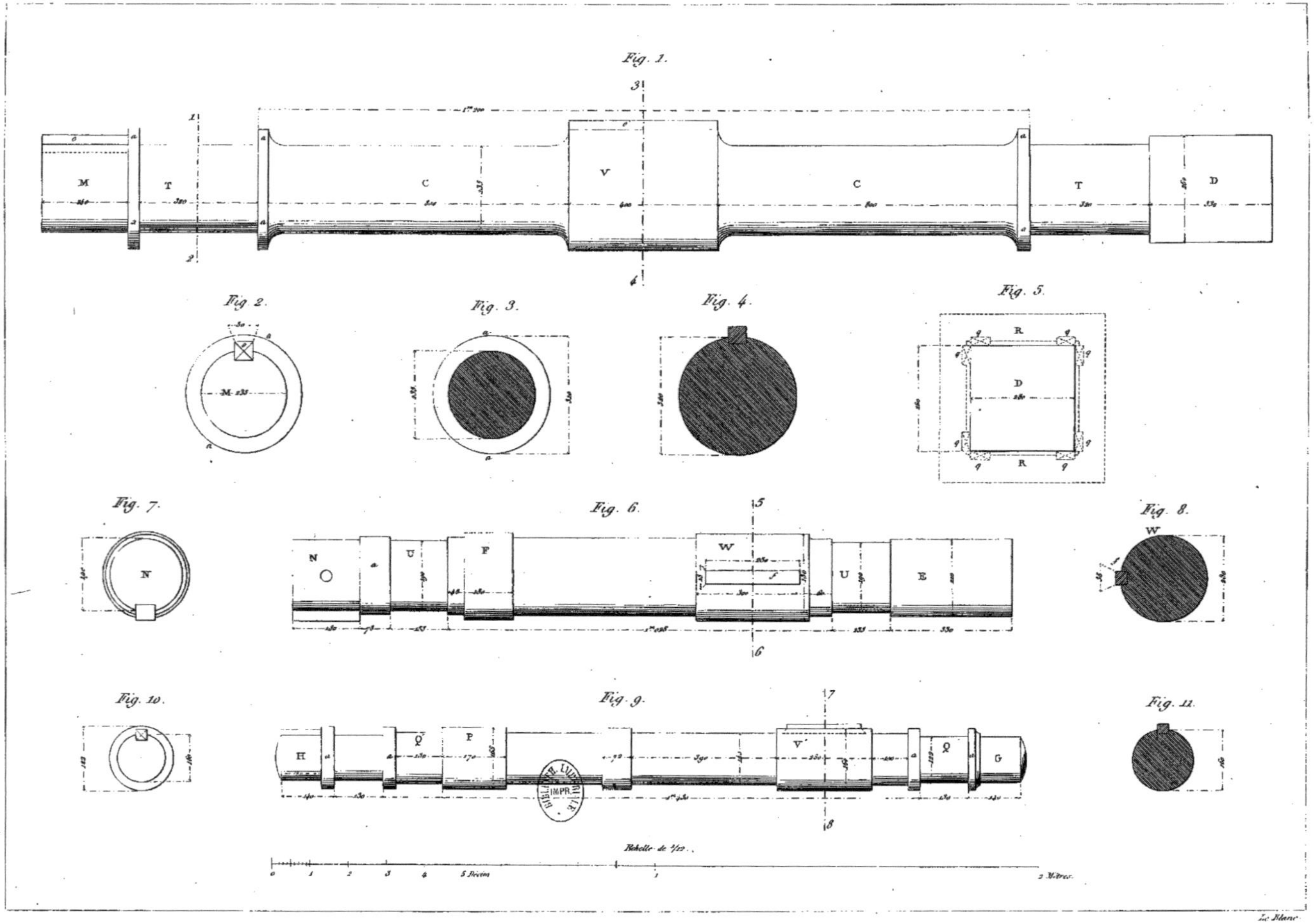

Fig. 1.

Fig. 2.

Fig. 3.

Fig. 4.

Fig. 5.

Fig. 7.

Fig. 6.

Fig. 8.

Fig. 10.

Fig. 9.

Fig. 11.

Échelle de 1/12.

Le Blanc.

ARBRES EN FONTE.

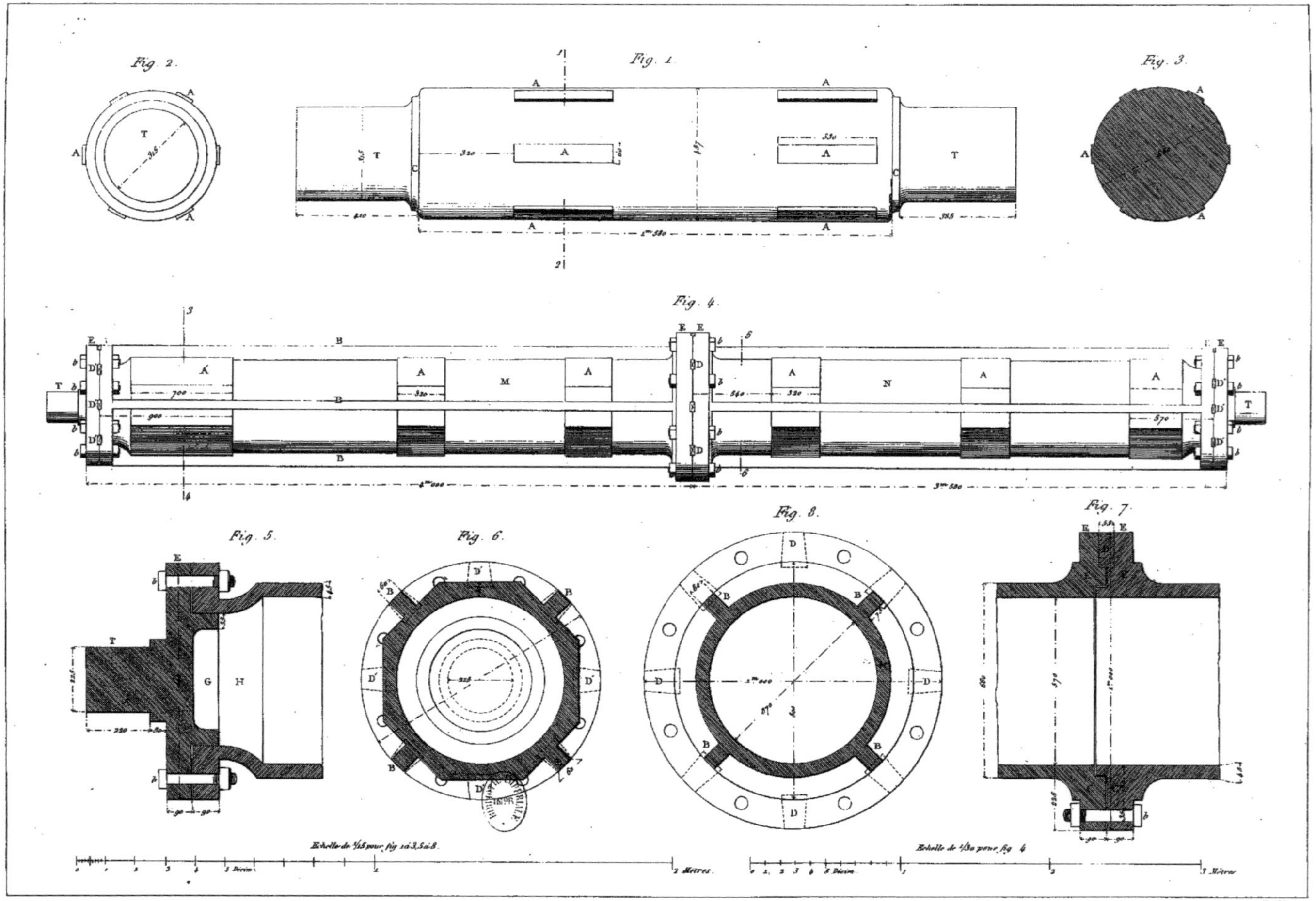
Fig. 1.
Fig. 2.
Fig. 3.
Fig. 4.
Fig. 5.
Fig. 6.
Fig. 7.
Fig. 8.
Echelle de 1/15 pour fig 1à3,5à8.
Echelle de 1/30 pour fig 4
2 Mètres
3 Mètres
Le Blanc

ARBRES EN FONTE.

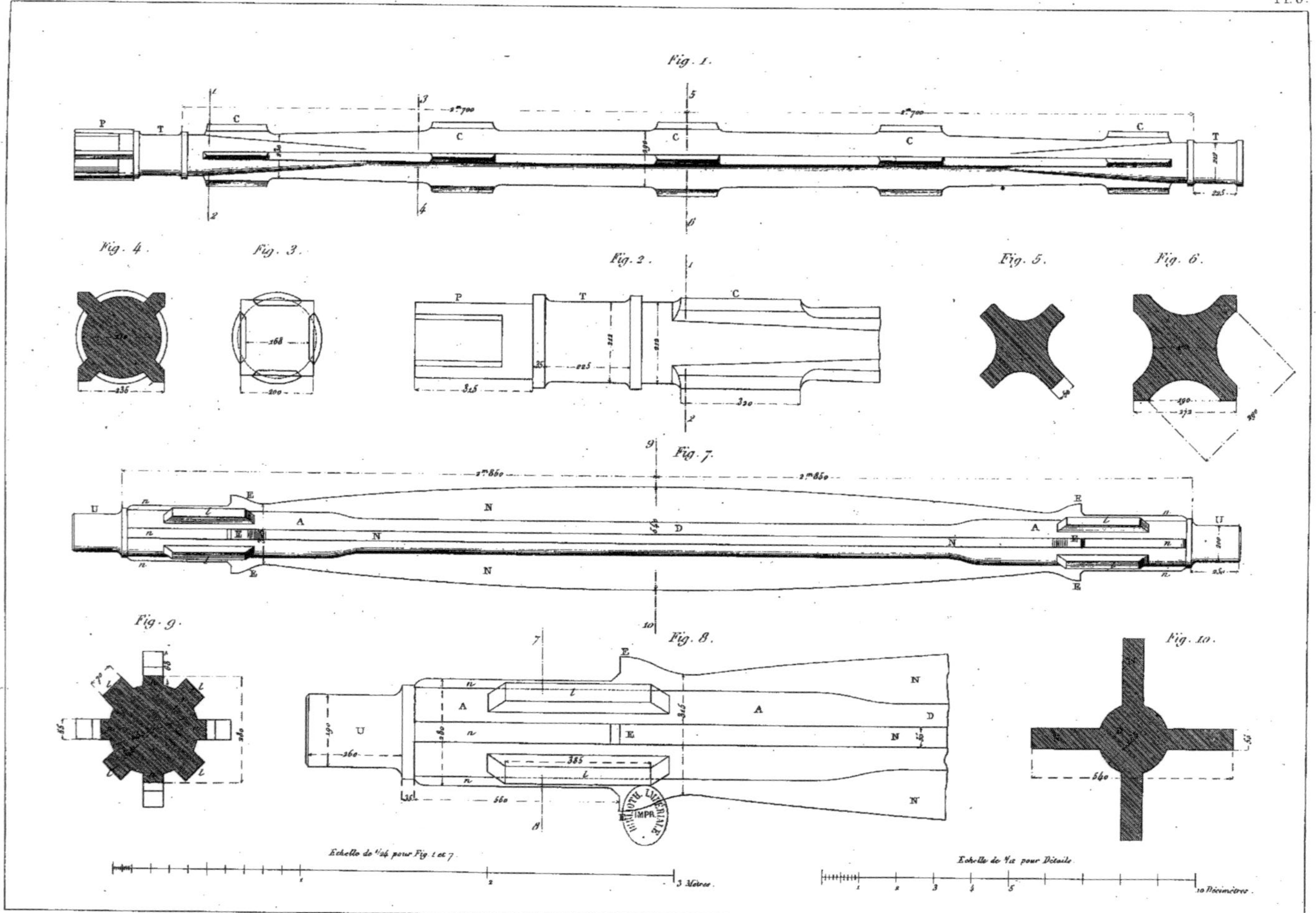
Fig. 1.
Fig. 2.
Fig. 3.
Fig. 4.
Fig. 5.
Fig. 6.
Fig. 7.
Fig. 8.
Fig. 9.
Fig. 10.
Echelle de 1/24 pour Fig. 1 et 7.
3 Mètres.
Echelle de 1/12 pour Détails.
10 Décimètres.

Le Blanc.

ARBRES EN FONTE.

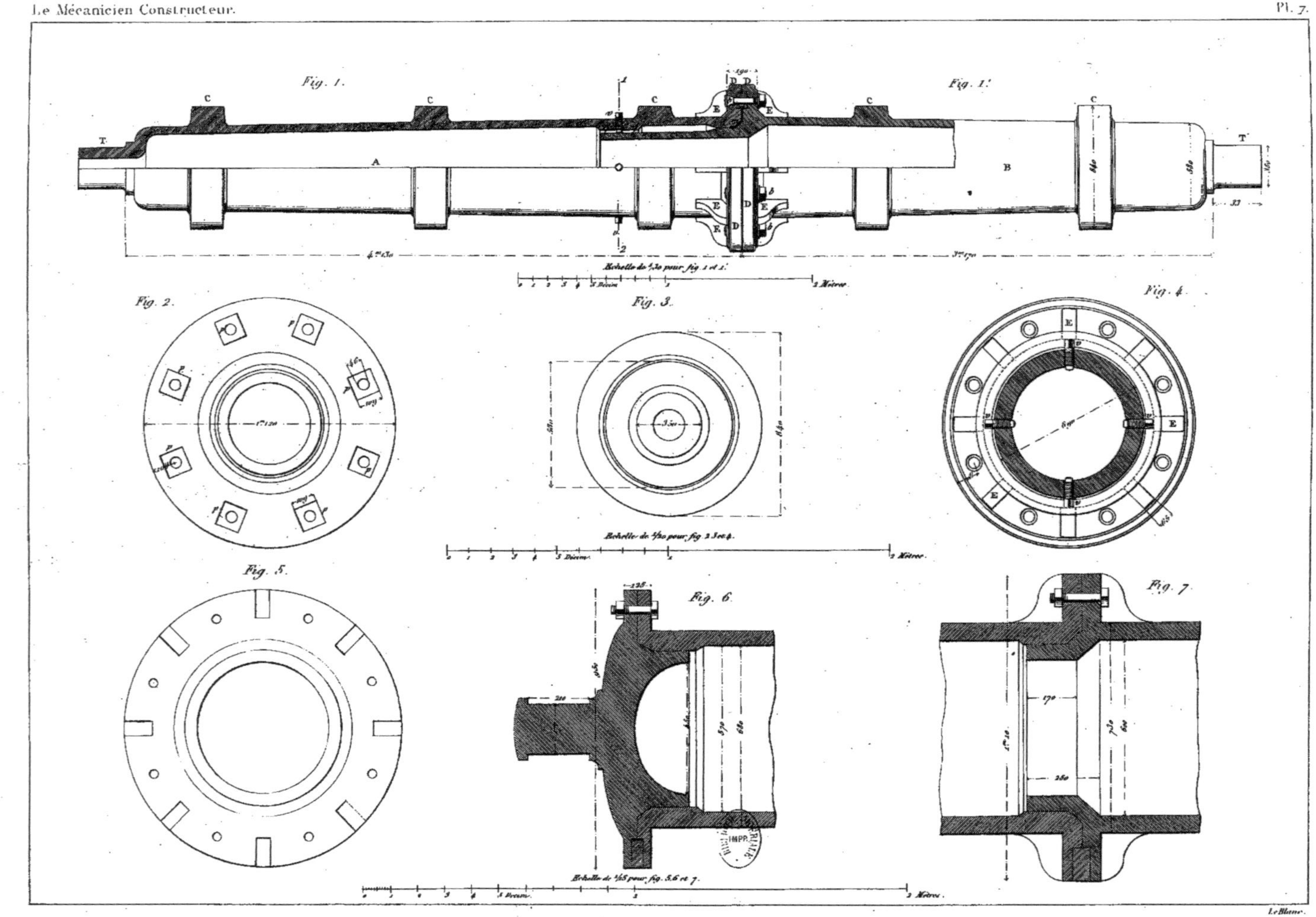

ARBRES EN BOIS (horizontaux)

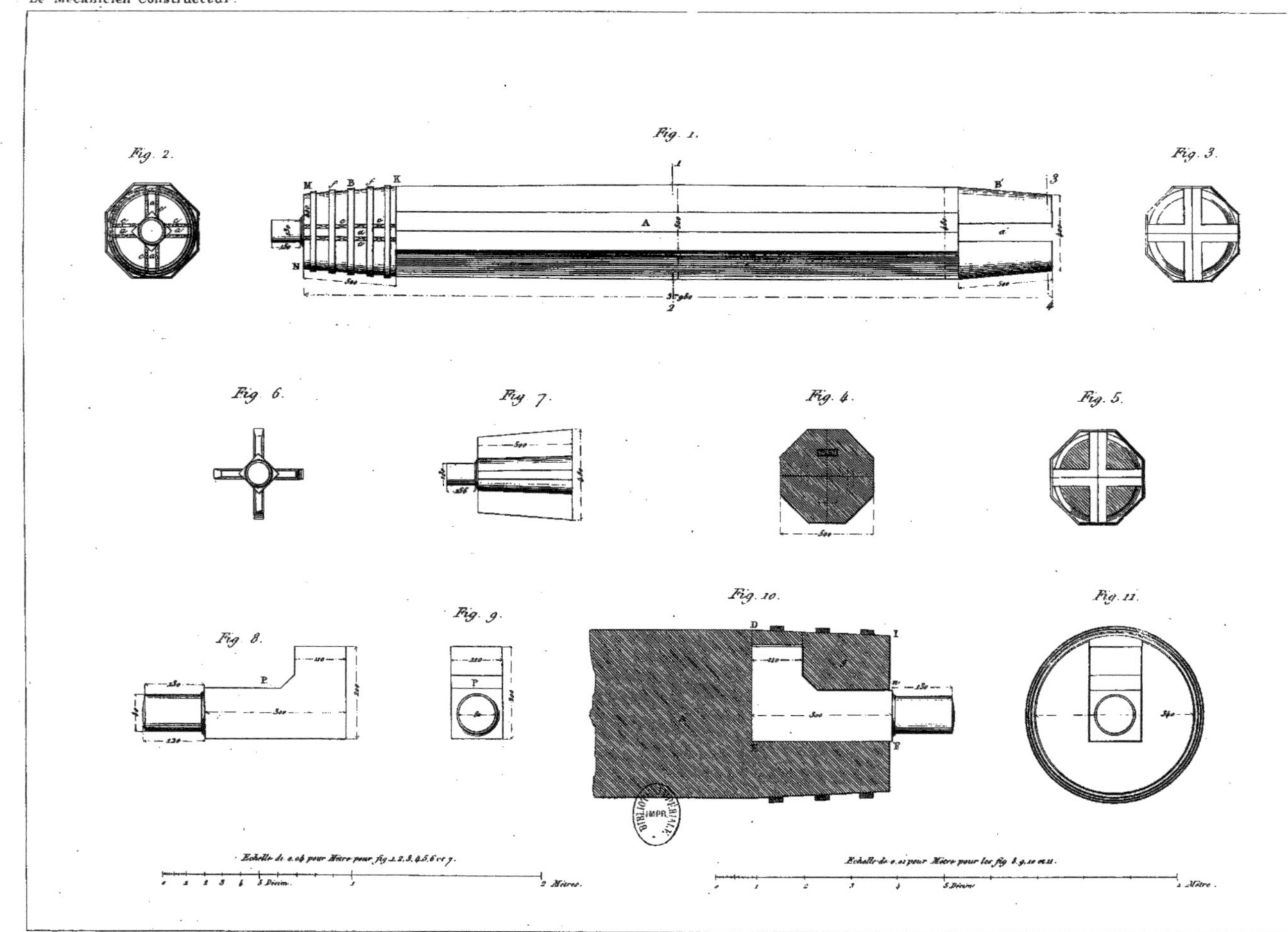

ARBRES EN BOIS, (horizontaux et verticaux.)

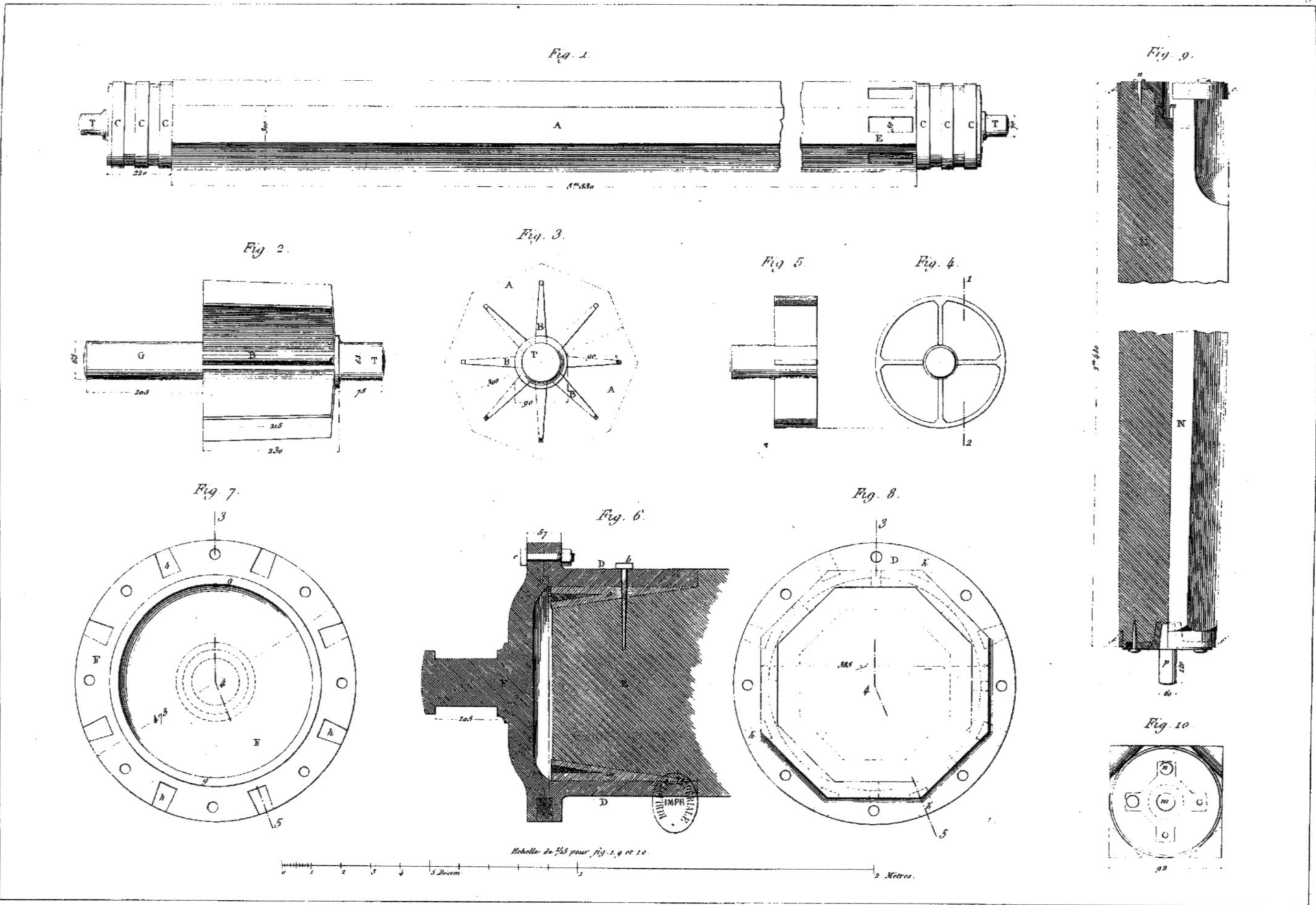

ARBRES. (Verticaux en fer et fonte.)

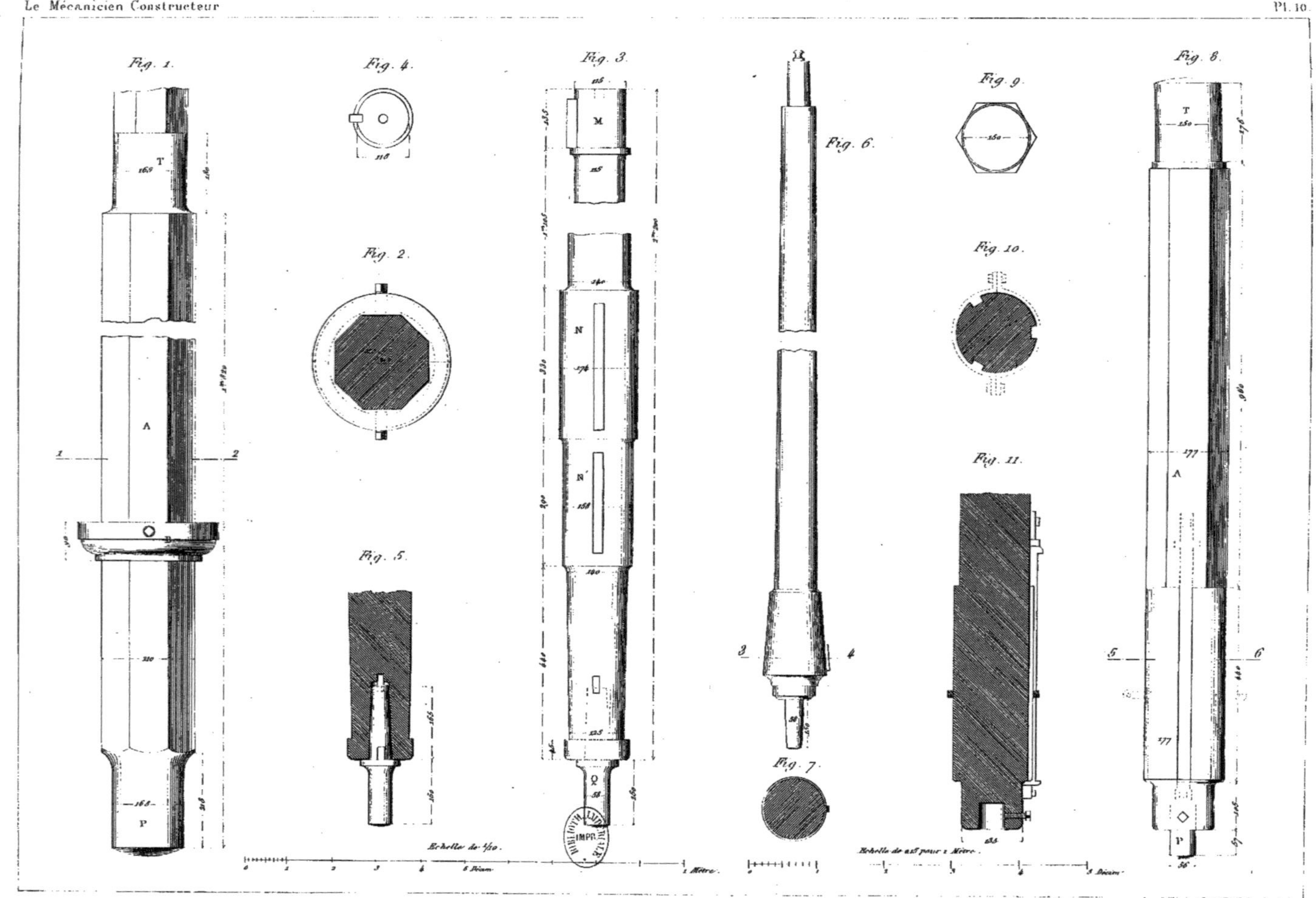

ARBRES DIVERS.

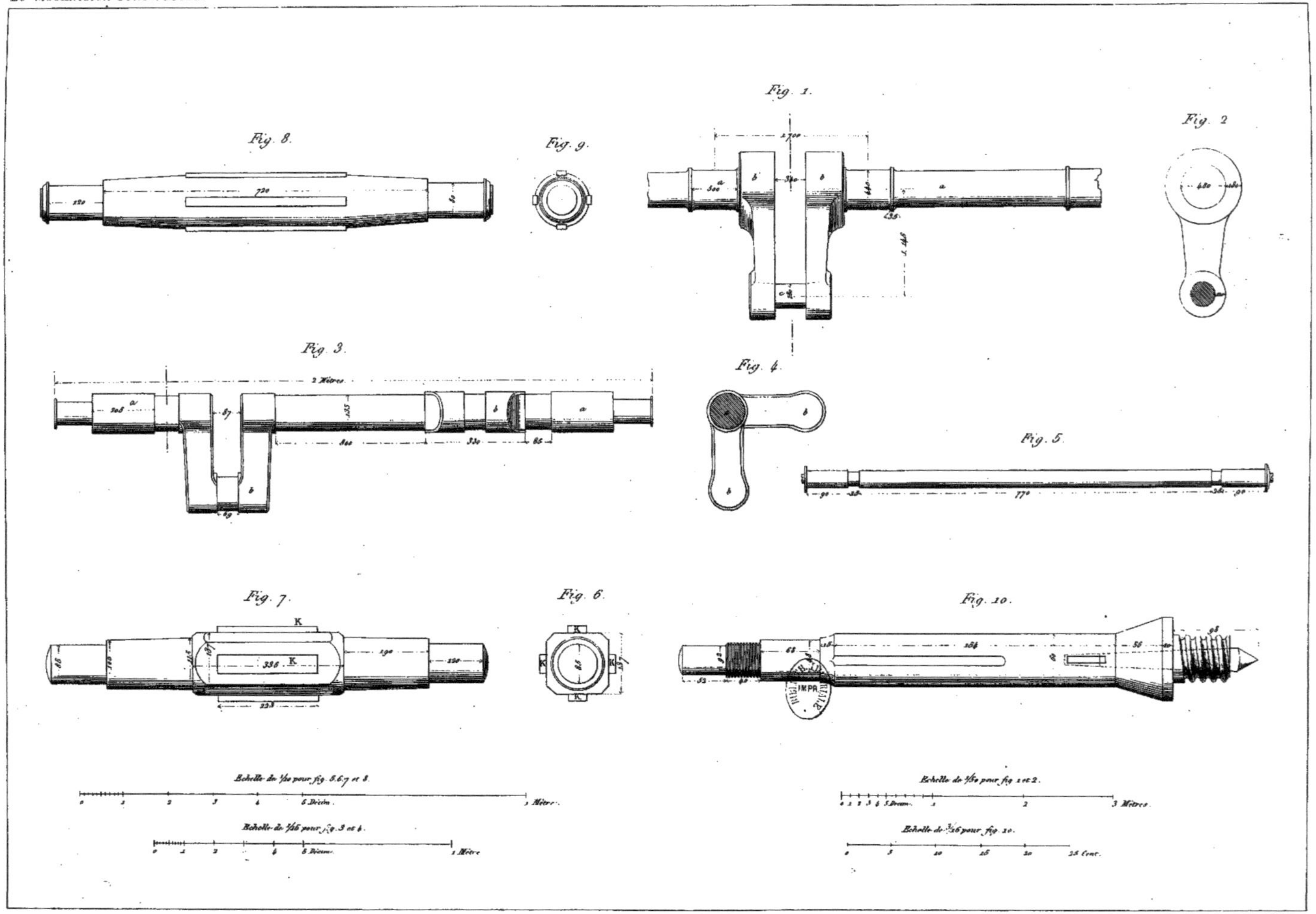
Fig. 1.
Fig. 2
Fig. 3.
Fig. 4.
Fig. 5.
Fig. 6.
Fig. 7.
Fig. 8.
Fig. 9.
Fig. 10.
Echelle de 1/20 pour fig. 5.6.7 et 8.
Echelle de 1/25 pour fig. 3 et 4.
Echelle de 1/50 pour fig. 1 et 2.
Echelle de 1/25 pour fig. 10.

Le Blanc.

Fig. 2.

Fig. 1.

Fig. 3.

Fig. 10.

Fig. 5.

Fig. 4.

Fig. 6.

Fig. 11.

Fig. 12.

Fig. 8.

Fig. 7.

Fig. 9.

Echelle de 1/8 pour fig. 1 à 6.

Echelle de 1/4 pour fig. 7 à 12.

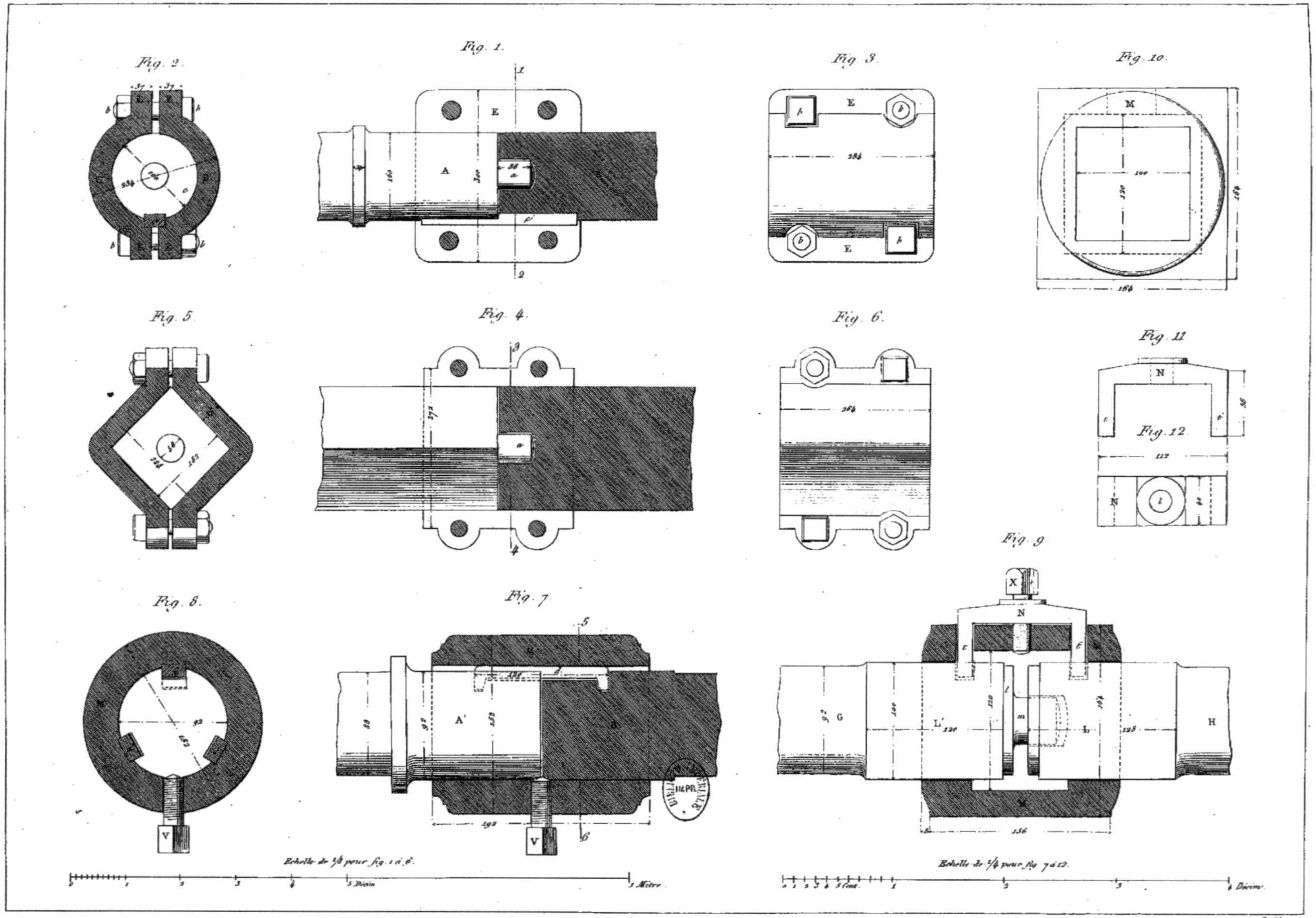

Le Blanc.

MANCHONS.

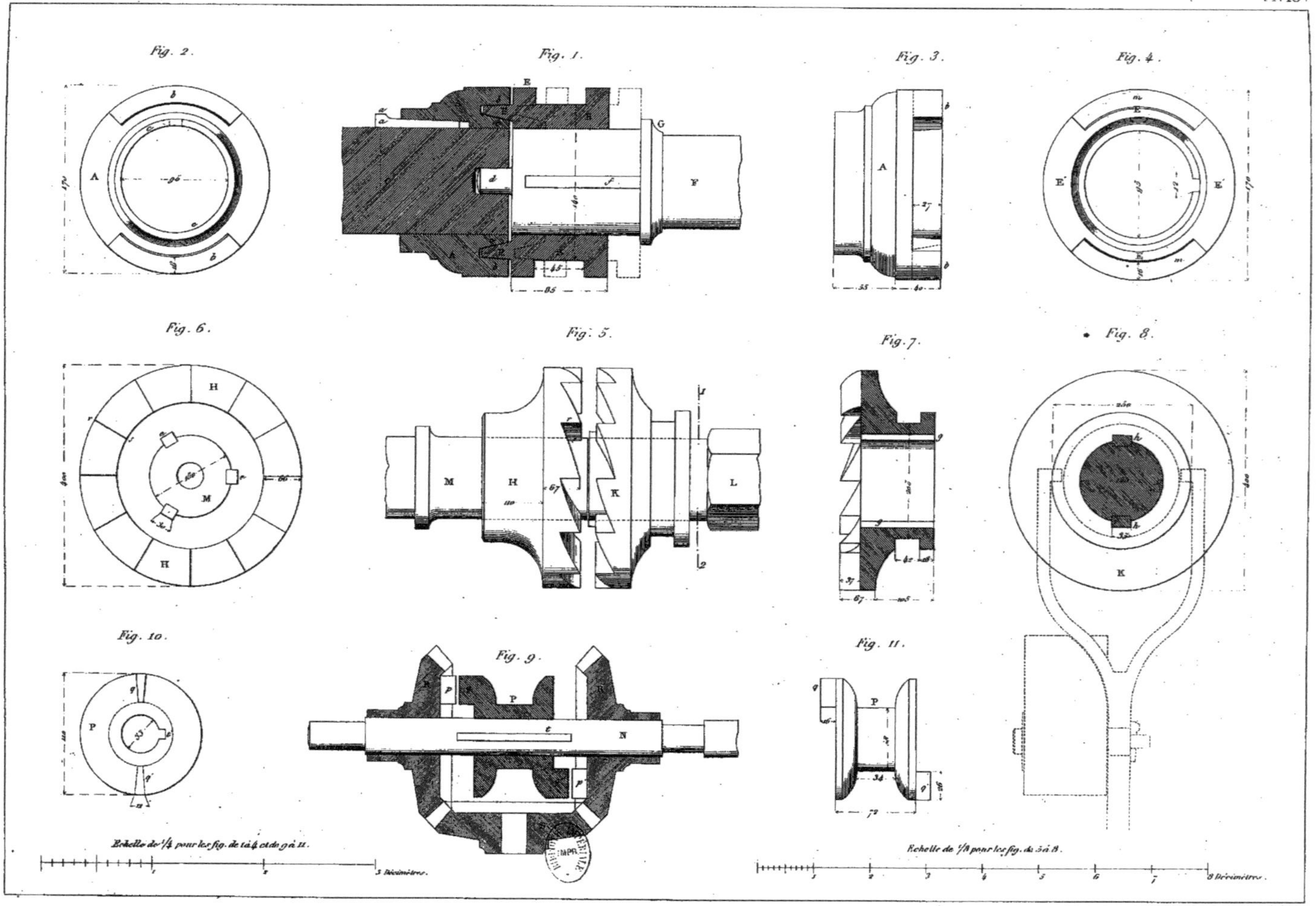

Le Mécanicien-Constructeur.

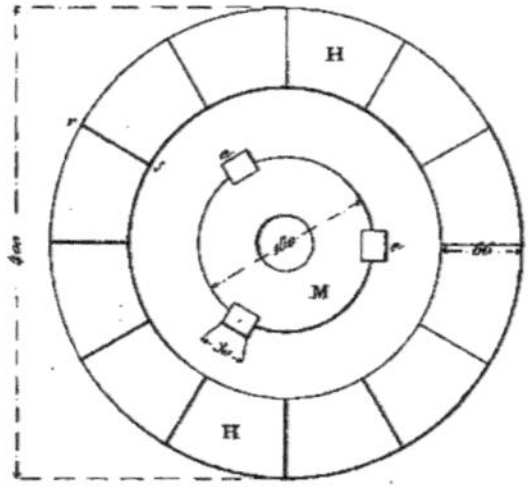

Le Blanc.

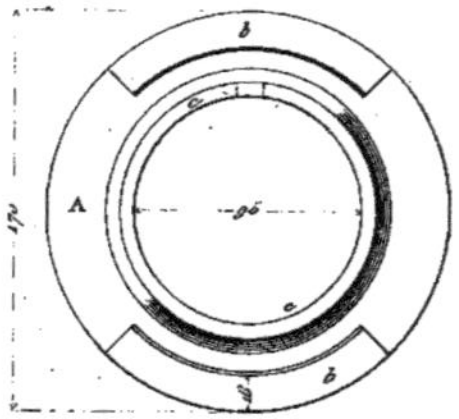

Fig. 1. 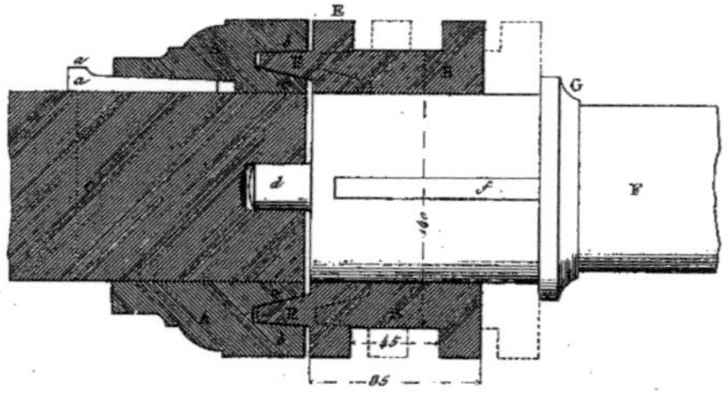
Fig. 2.
Fig. 3. 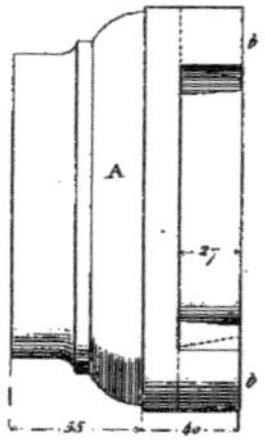
Fig. 4. 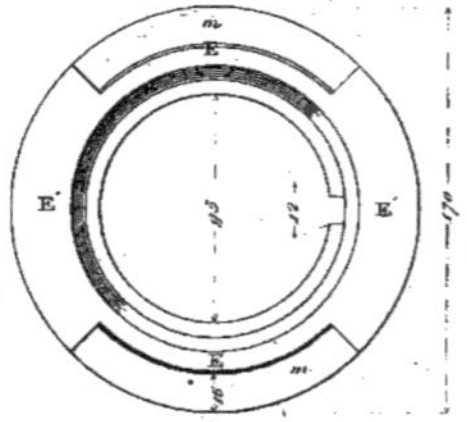
Fig. 5. 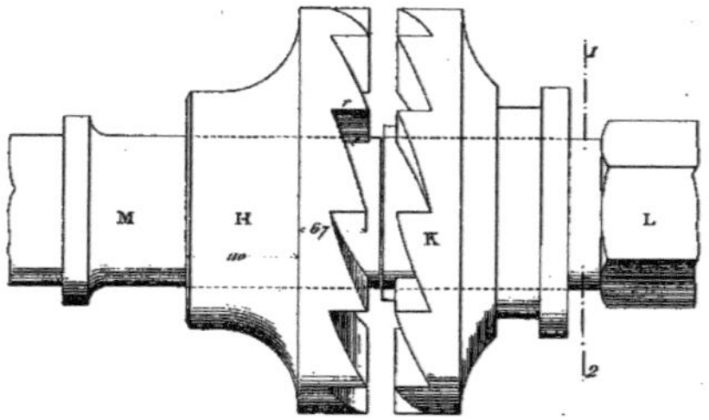
Fig. 6.
Fig. 7. 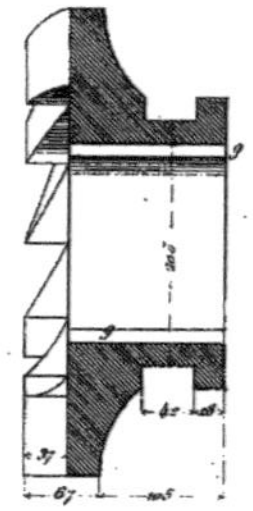
Fig. 8. 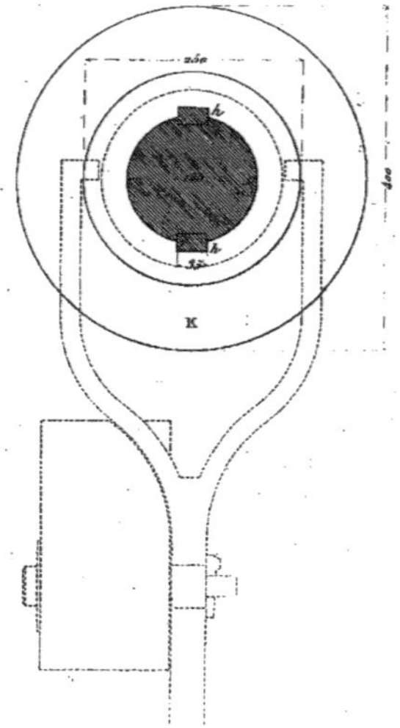
Fig. 9. 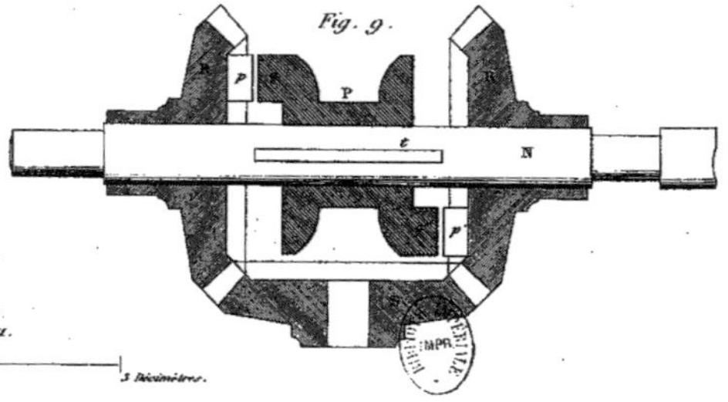
Fig. 10.
Fig. 11.

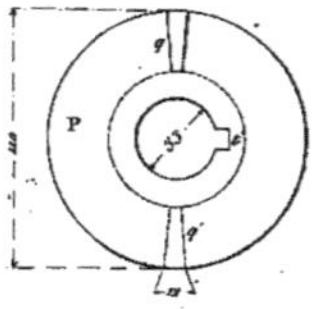

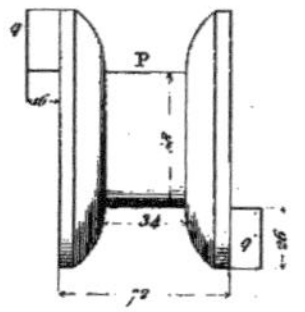

Échelle de 1/4 pour les fig. de 3 à 8.

Échelle de 1/4 pour les fig. de 1 à 2 et de 9 à 11.

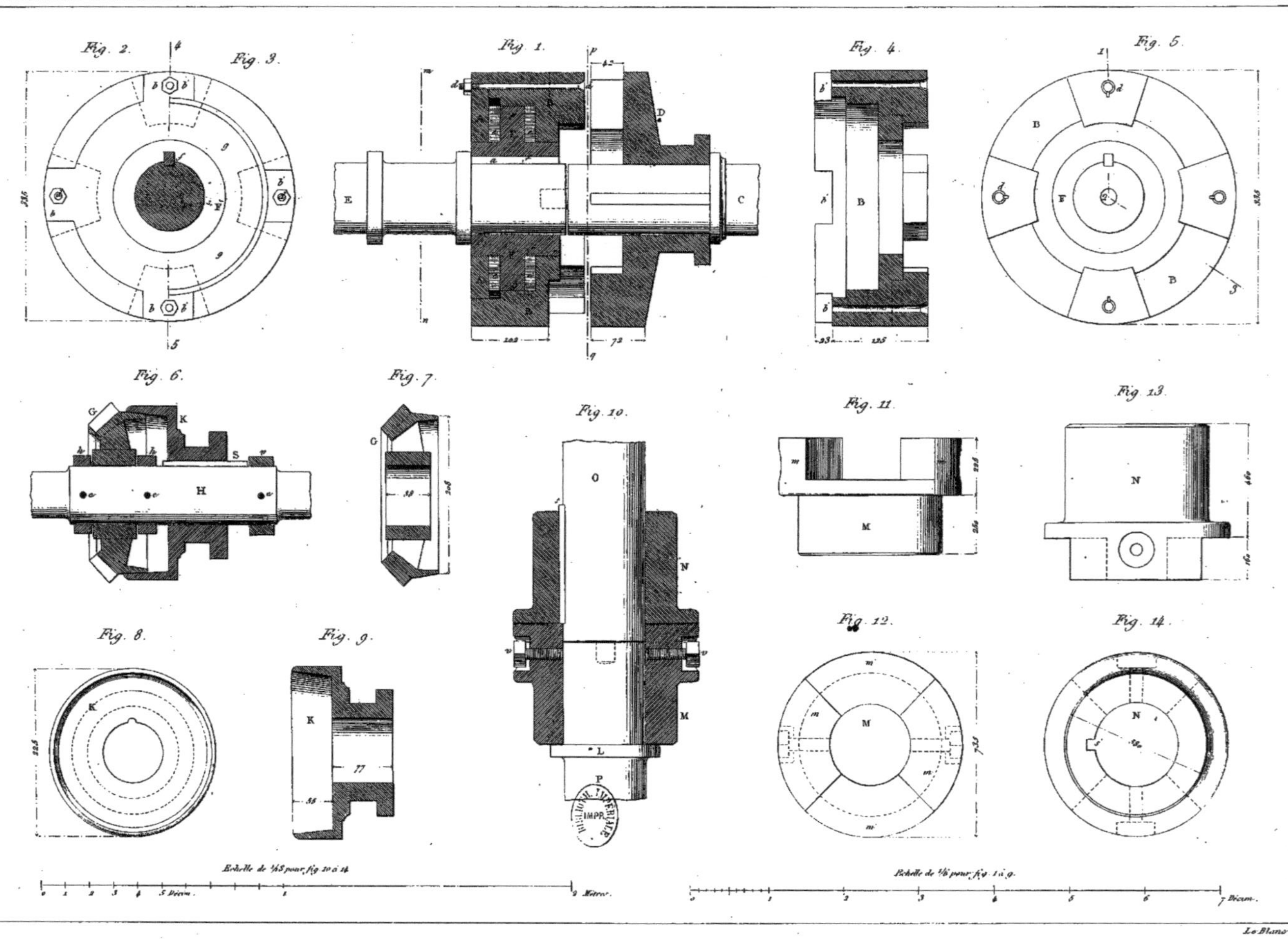

Fig. 2.
Fig. 3.
Fig. 1.
Fig. 4.
Fig. 5.
Fig. 6.
Fig. 7.
Fig. 10.
Fig. 11.
Fig. 13.
Fig. 8.
Fig. 9.
Fig. 12.
Fig. 14.
Echelle de 1/15 pour fig. 10 à 14.
Echelle de 1/5 pour fig. 1 à 9.
Le Blanc.

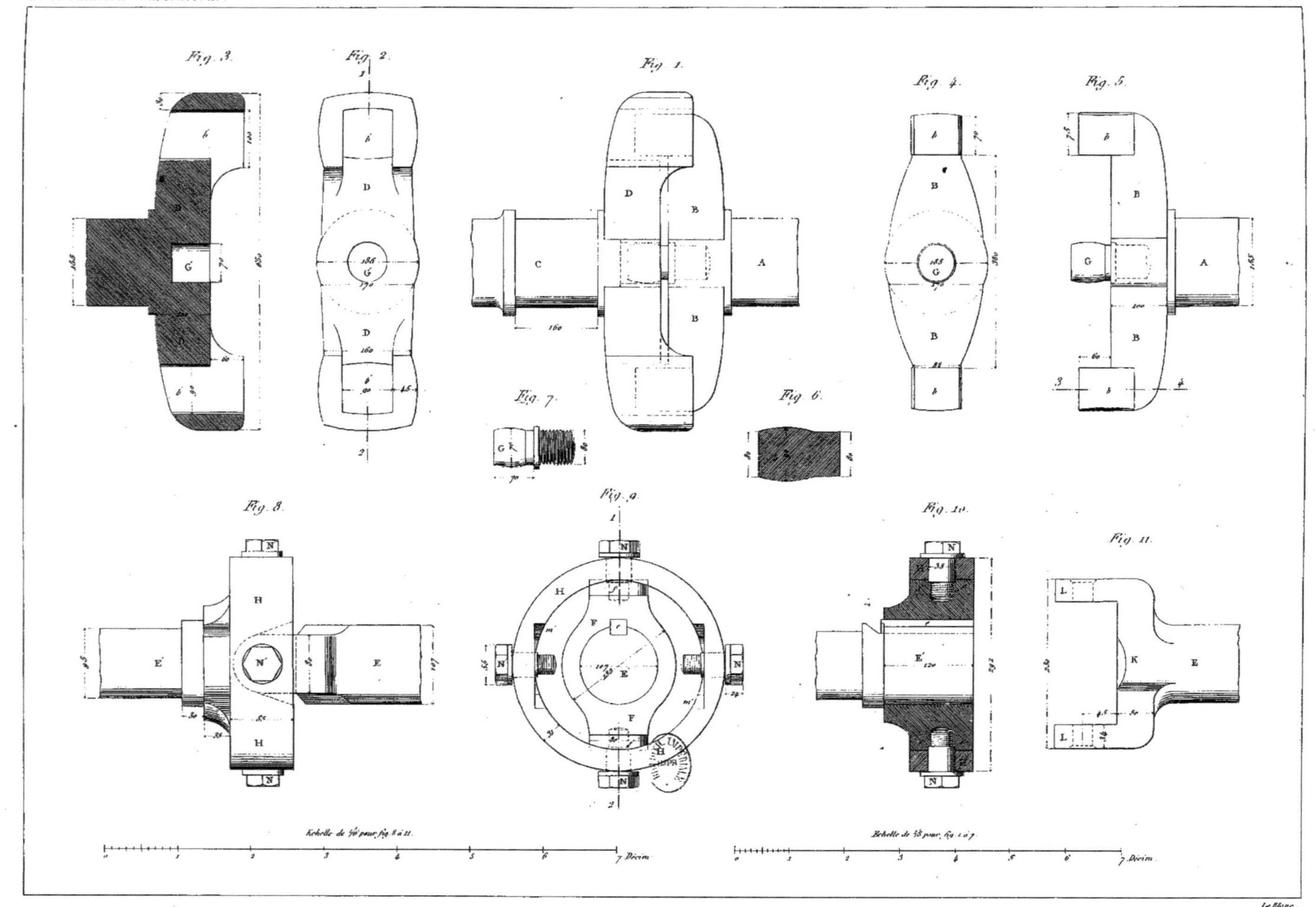
Fig. 3.
Fig. 2.
Fig. 1.
Fig. 4.
Fig. 5.
Fig. 7.
Fig. 6.
Fig. 8.
Fig. 9.
Fig. 10.
Fig. 11.
Echelle de 1/10 pour fig. 8 à 11.
Echelle de 1/5 pour fig. 1 à 7.
Le Blanc.

MANCHONS.

Fig. 3.
Fig. 2.
Fig. 1.
Fig. 4.
Fig. 6.
Fig. 5.
Fig. 7.
Echelle de 1/5 pour fig. 1 a 4.
Echelle de 1/5 pour fig. 5, 6 et 7.
5 Décim.
5 Décim.
Le Blanc.

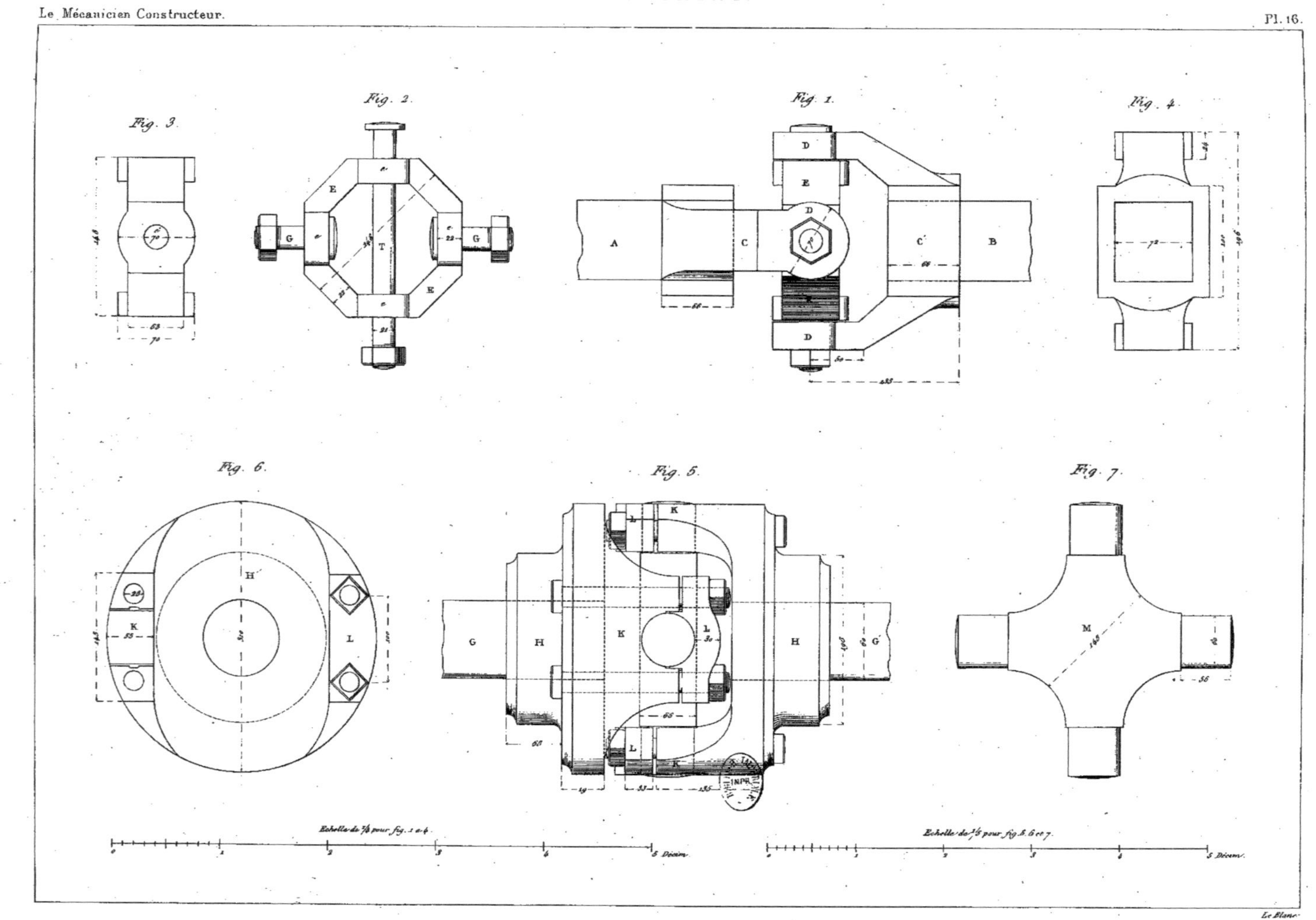

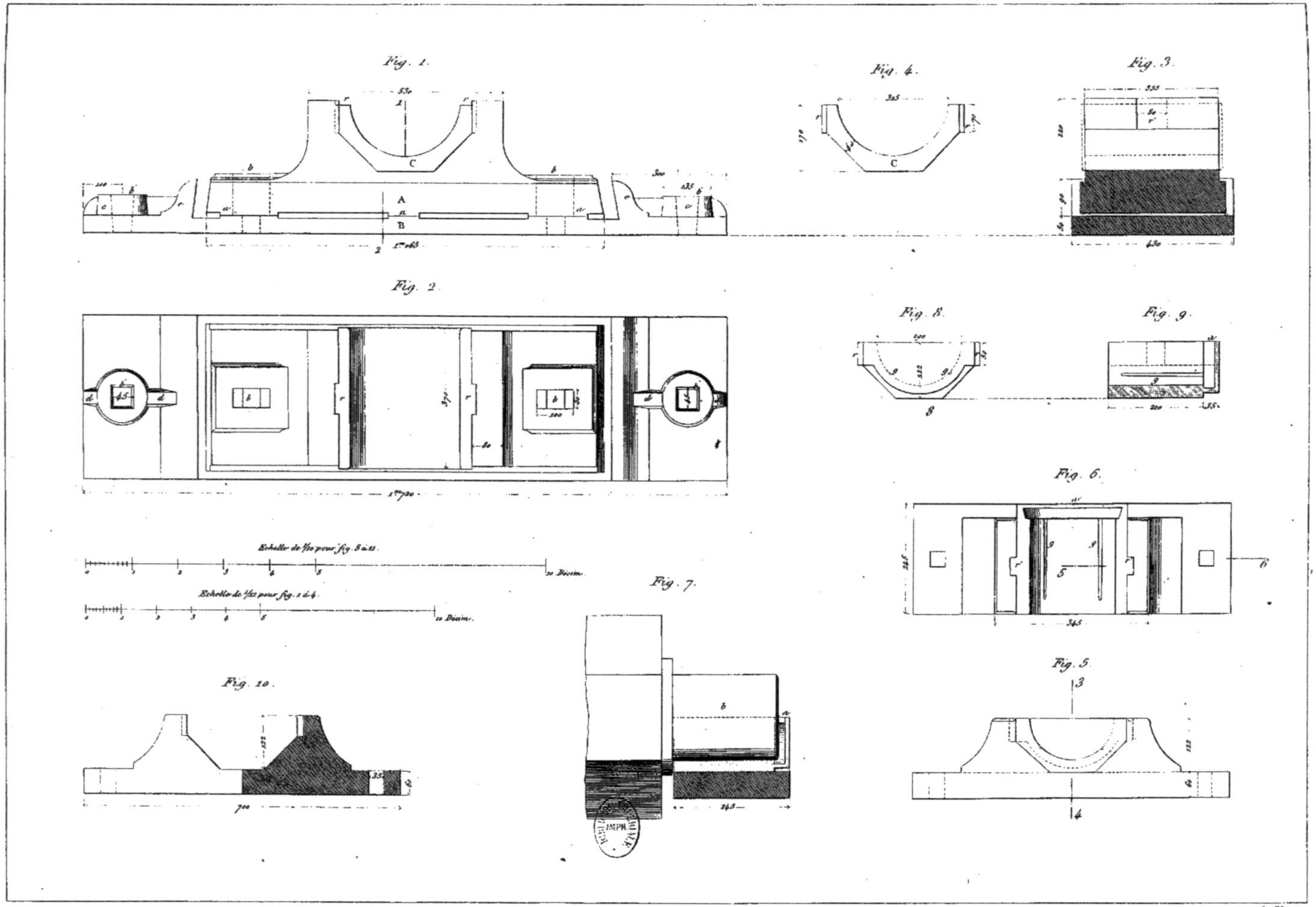

Fig. 1.

Fig. 2.

Fig. 3.

Fig. 4.

Fig. 5.

Fig. 6.

Fig. 7.

Fig. 8.

Fig. 9.

Fig. 10.

Echelle de 1/20 pour fig. 5 à 11.

Echelle de 1/12 pour fig. 1 à 4.

Le Blanc.

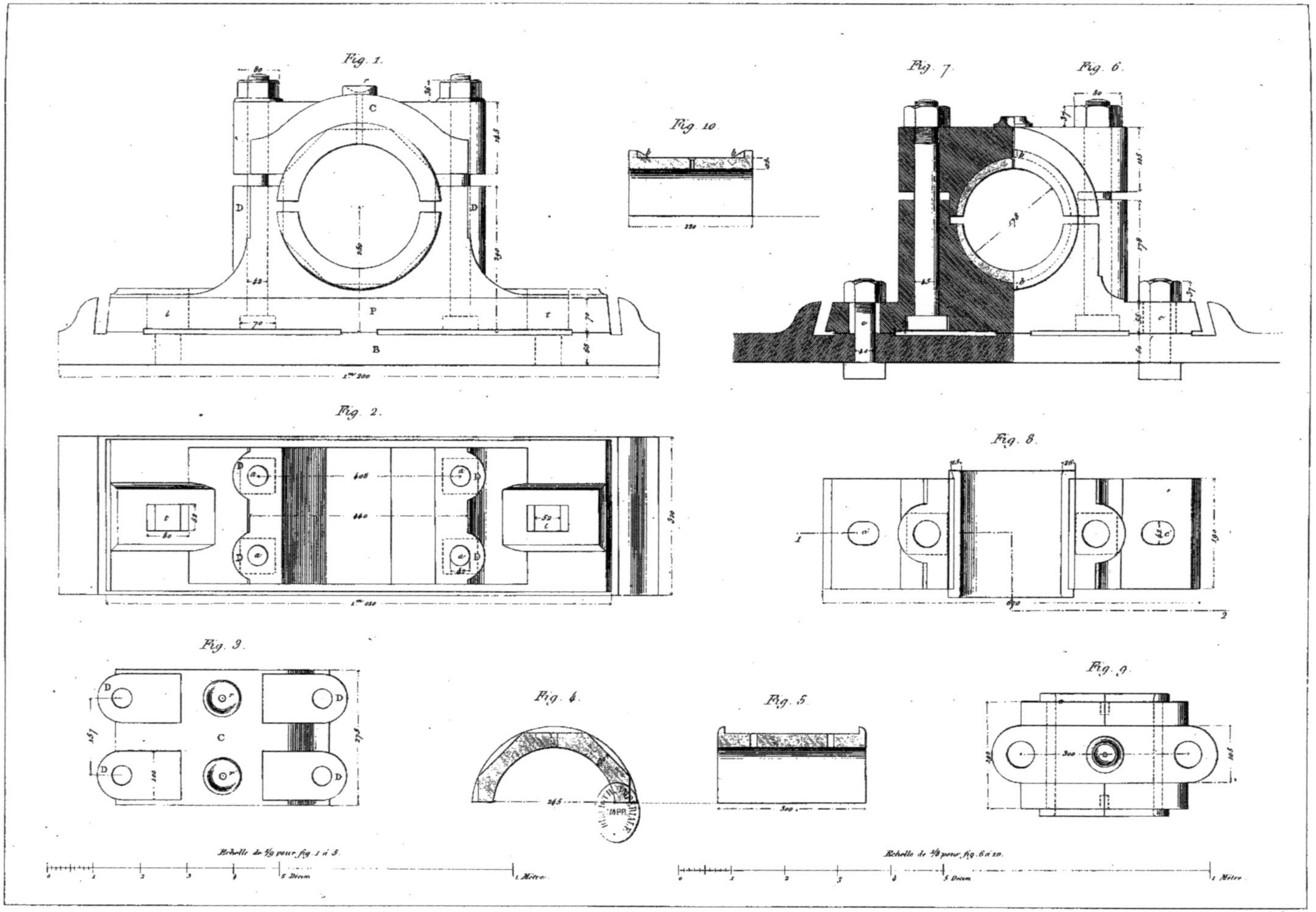

Fig. 1.

Fig. 10.

Fig. 7.

Fig. 6.

Fig. 2.

Fig. 8.

Fig. 3.

Fig. 4.

Fig. 5.

Fig. 9.

Echelle de 1/9 pour fig. 1 à 5.

Echelle de 1/9 pour fig. 6 à 10.

Le Blanc.

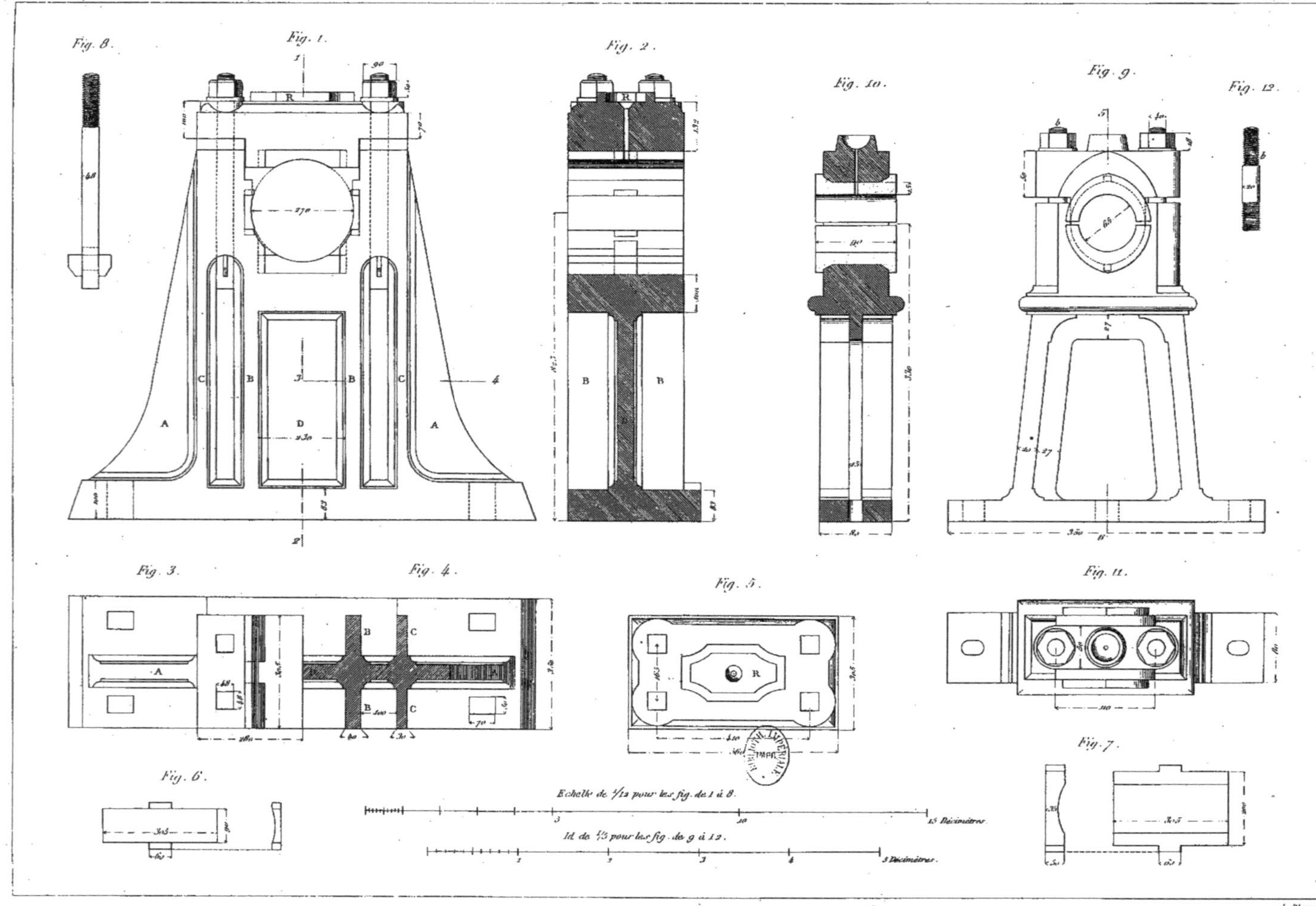

Fig. 8.
Fig. 1.
Fig. 2.
Fig. 10.
Fig. 9.
Fig. 12.
Fig. 3.
Fig. 4.
Fig. 5.
Fig. 11.
Fig. 6.
Fig. 7.
Echelle de 1/12 pour les fig. de 1 à 8.
Id. de 1/3 pour les fig. de 9 à 12.
15 Décimètres.
5 Décimètres.
Le Blanc.

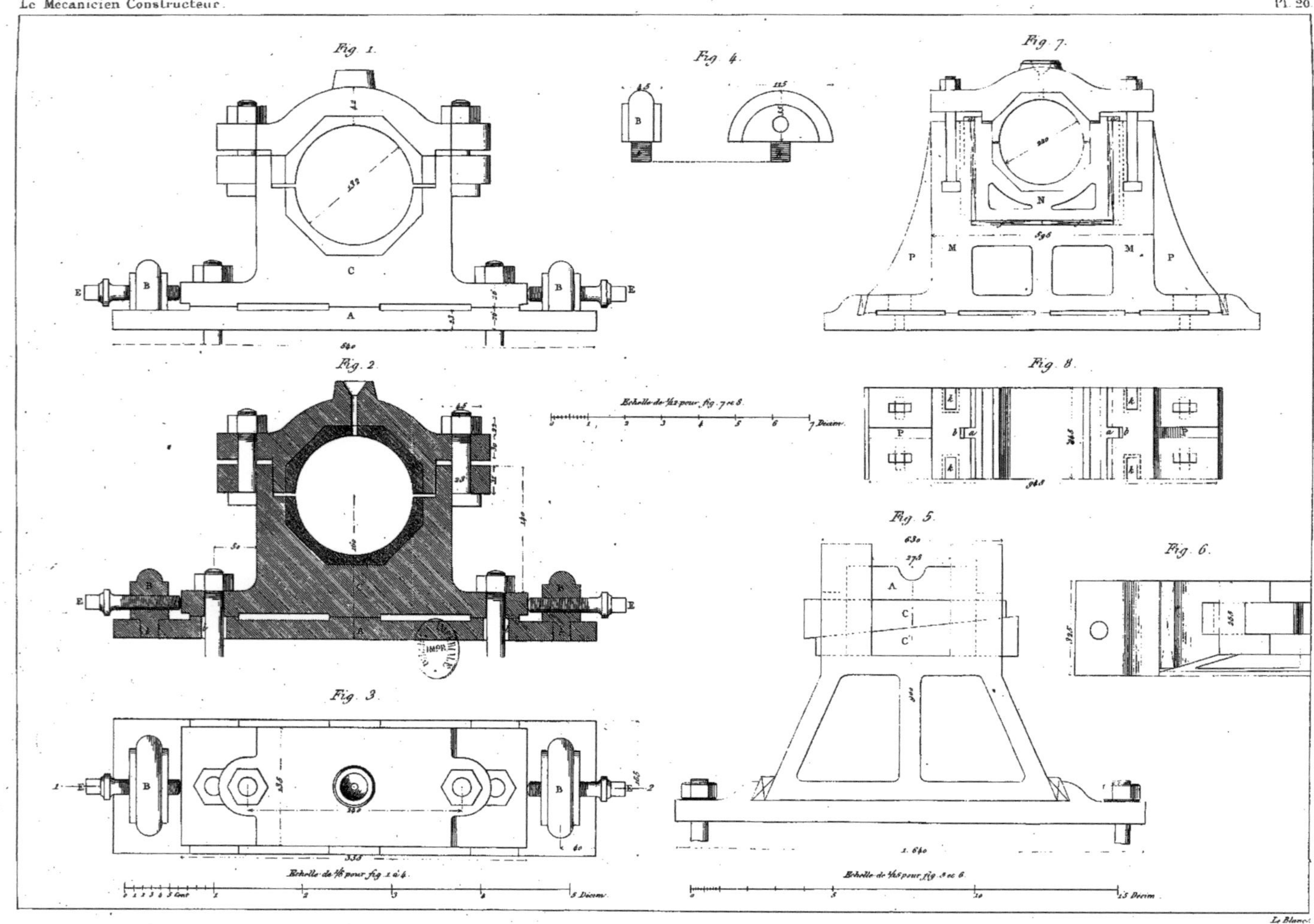
Fig. 1.
Fig. 4.
Fig. 7.
Fig. 2.
Fig. 8.
Fig. 5.
Fig. 6.
Fig. 3.
Echelle de 1/12 pour fig. 7 et 8.
Echelle de 1/6 pour fig. 1 à 4.
Echelle de 1/15 pour fig. 5 et 6.
Le Blanc.

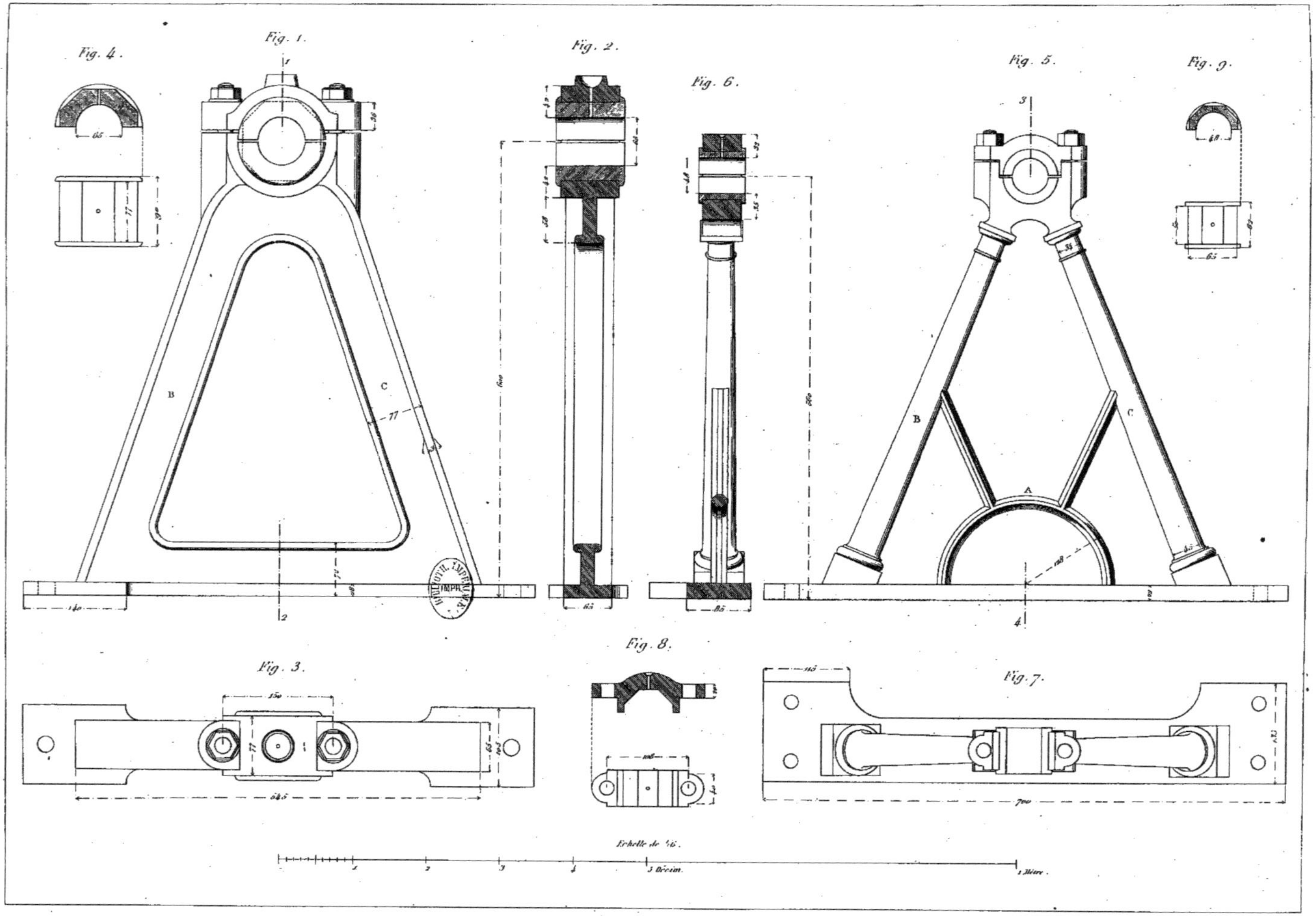

SUPPORTS, PROPREMENT DITS.

Fig. 4.

Fig. 1.

Fig. 2.

Fig. 6.

Fig. 5.

Fig. 9.

Fig. 3.

Fig. 8.

Fig. 7.

Échelle de 1/16.

Le Blanc.

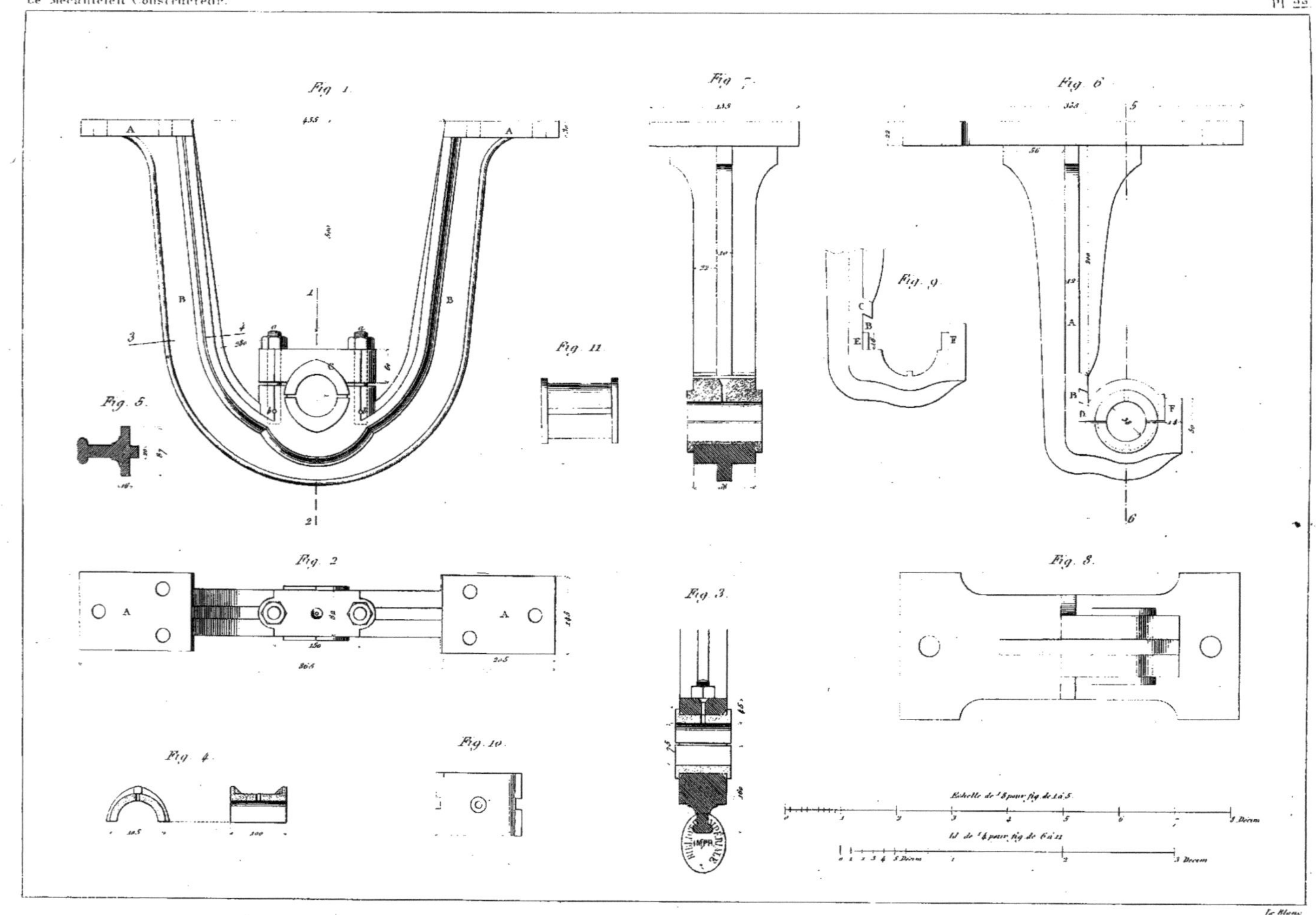

Fig. 1
Fig. 2
Fig. 3
Fig. 4
Fig. 5
Fig. 6
Fig. 7
Fig. 8
Fig. 9
Fig. 10
Fig. 11
Echelle de ⅛ pour fig. de 1 à 5.
Id. de ¼ pour fig. de 6 à 11.

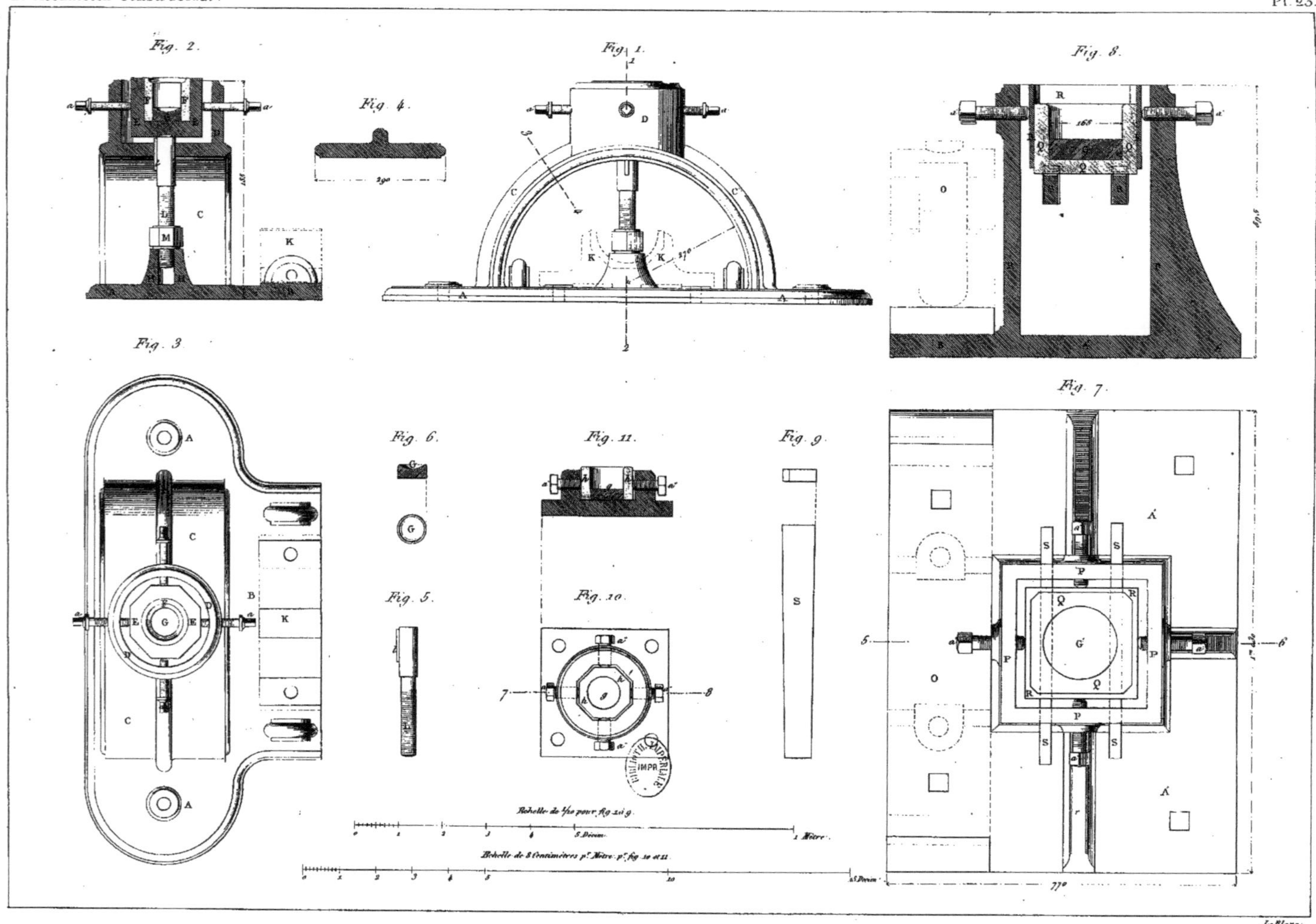

Fig. 1.
Fig. 2.
Fig. 3.
Fig. 4.
Fig. 5.
Fig. 6.
Fig. 7.
Fig. 8.
Fig. 9.
Fig. 10.
Fig. 11.

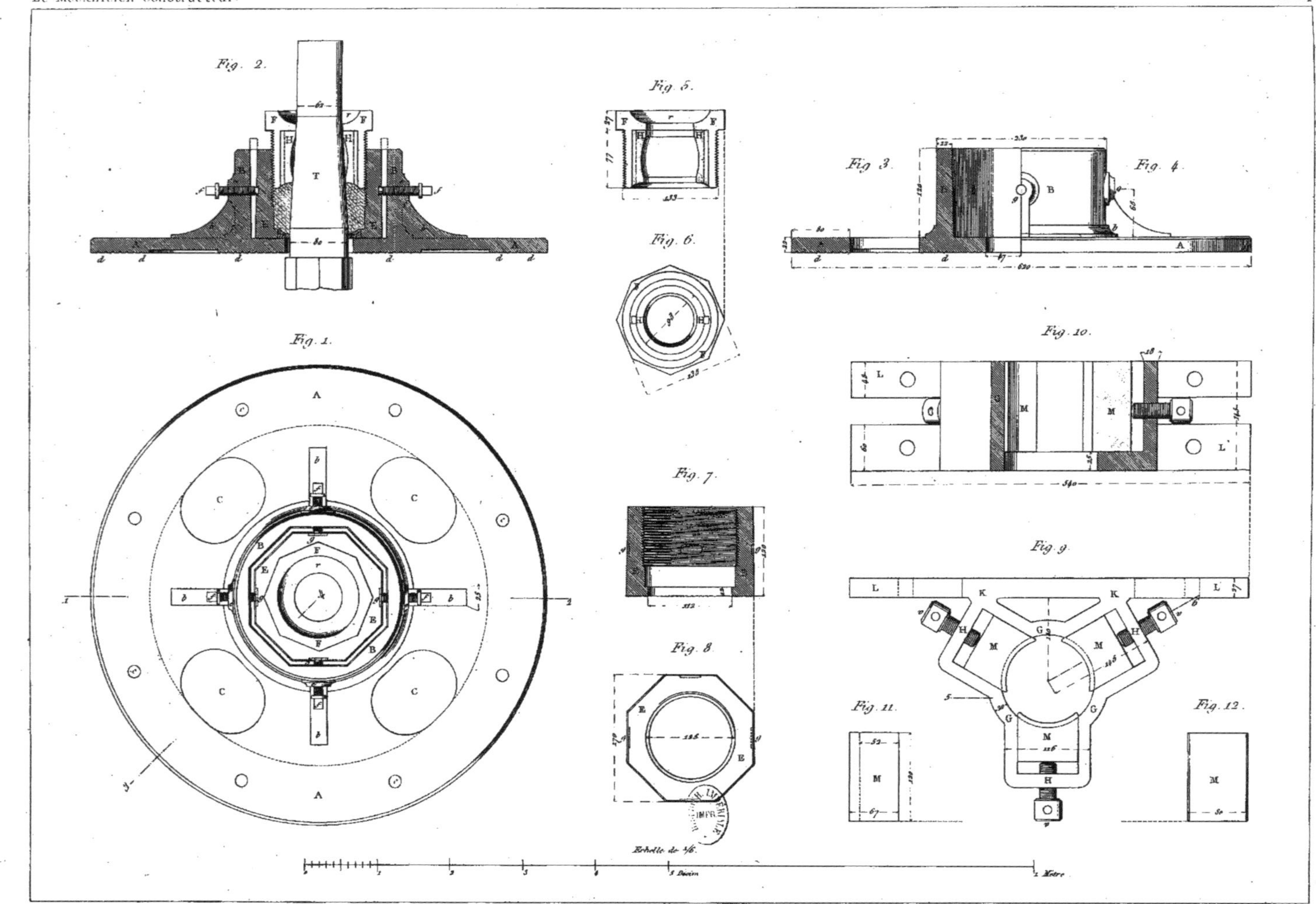

Fig. 1.
Fig. 2.
Fig. 3.
Fig. 4.
Fig. 5.
Fig. 6.
Fig. 7.
Fig. 8.
Fig. 9.
Fig. 10.
Fig. 11.
Fig. 12.
Echelle de 1/16.

BOITES À GRAISSE.

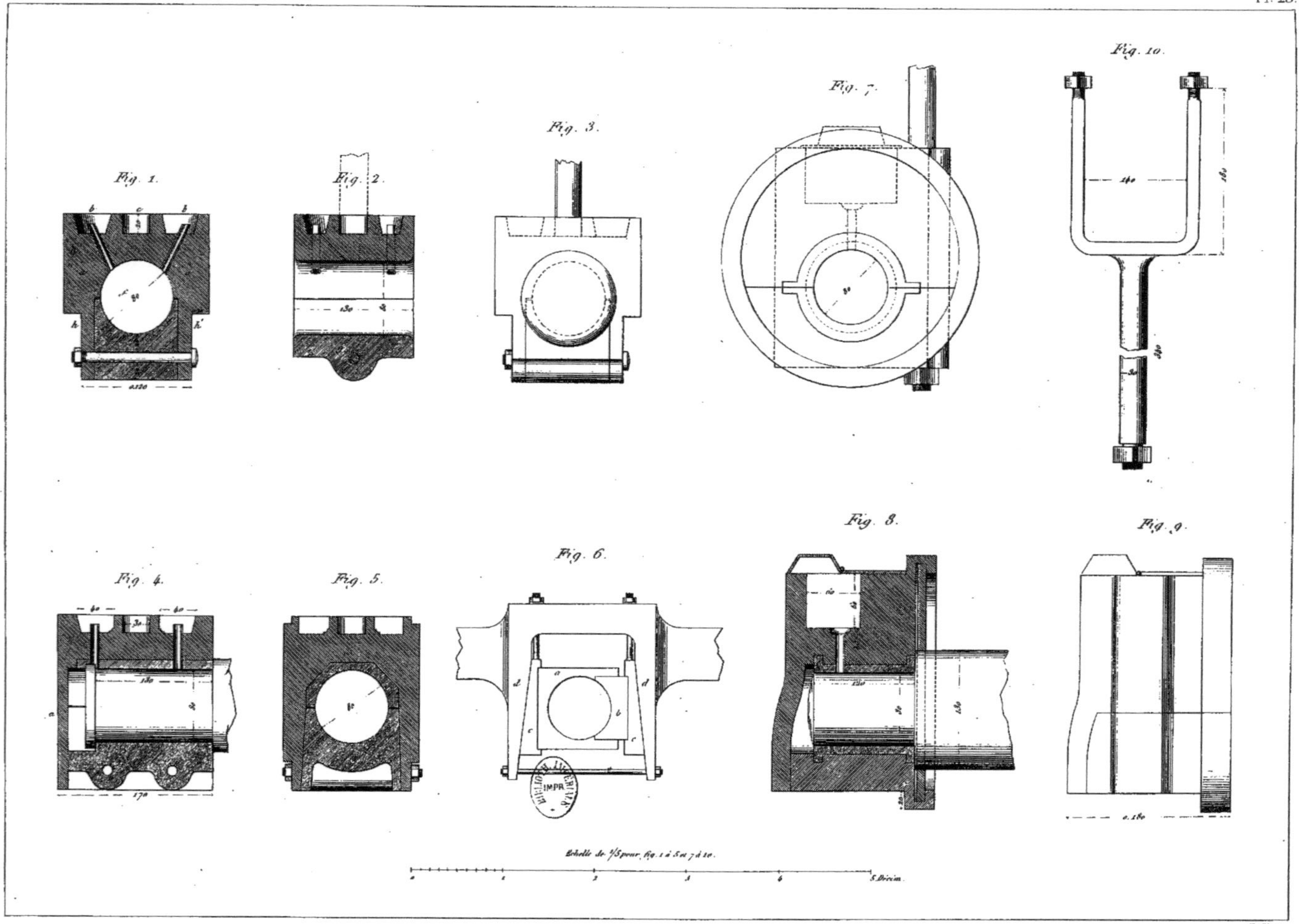

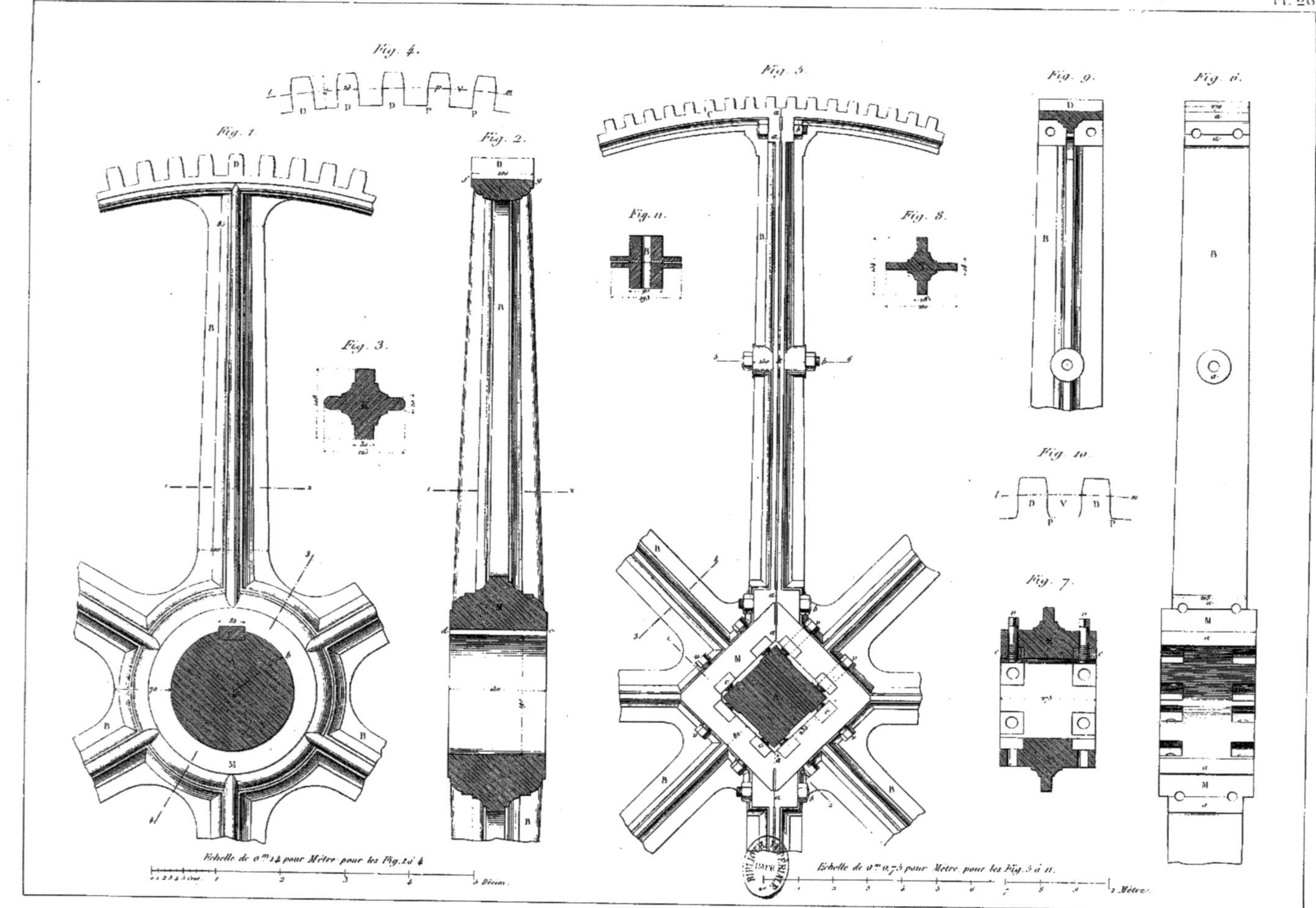

L. Chatrousse del. et sculp.

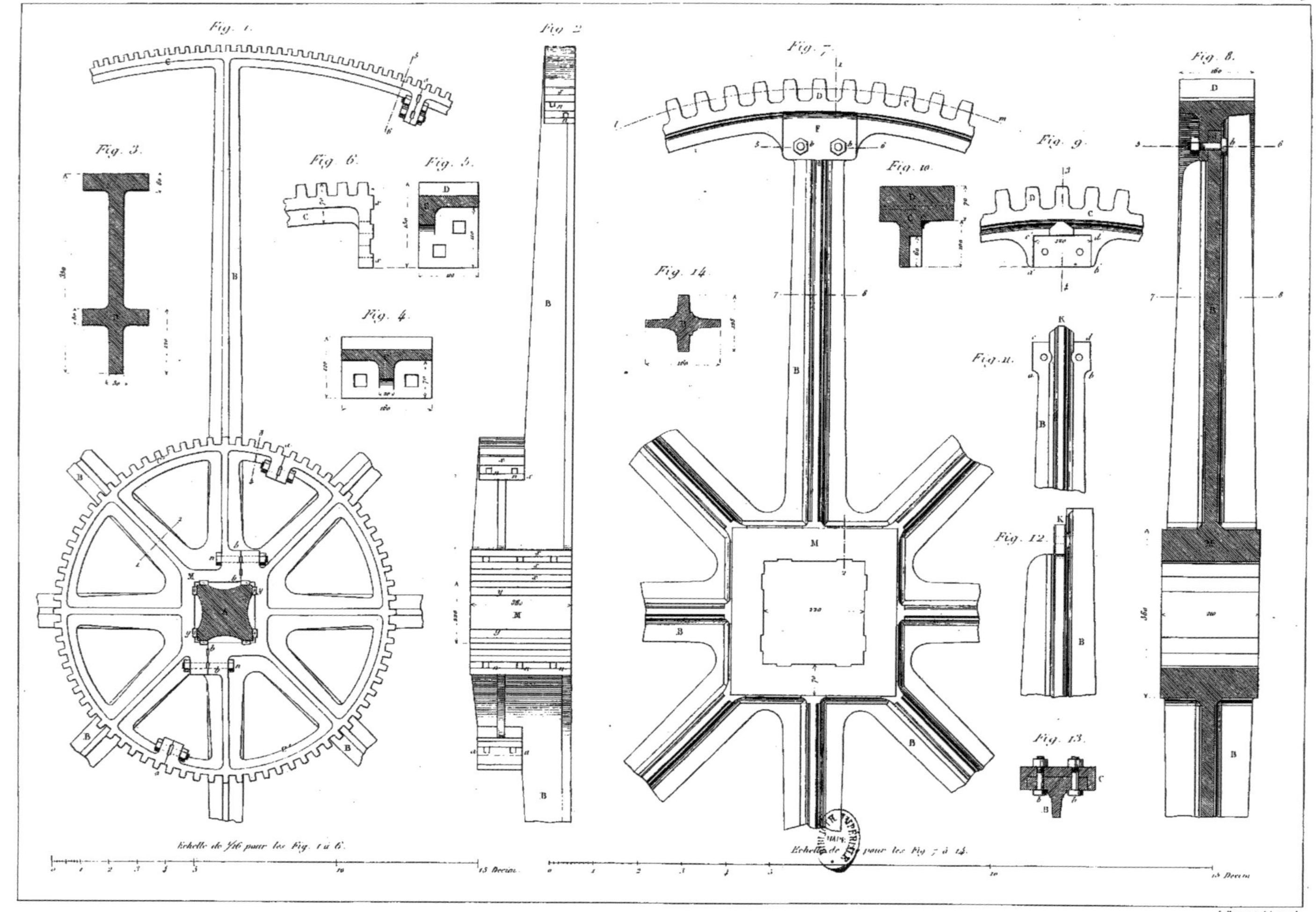

Fig. 1.
Fig. 2.
Fig. 3.
Fig. 4.
Fig. 5.
Fig. 6.
Fig. 7.
Fig. 8.
Fig. 9.
Fig. 10.
Fig. 11.
Fig. 12.
Fig. 13.
Fig. 14.
Échelle de 1/16 pour les Fig. 1 à 6.
Échelle de pour les Fig. 7 à 14.
L. Chauveau del. et sculp.

ENGRENAGES CYLINDRIQUES EN FONTE (ROUE DE PLUSIEURS MORCEAUX)

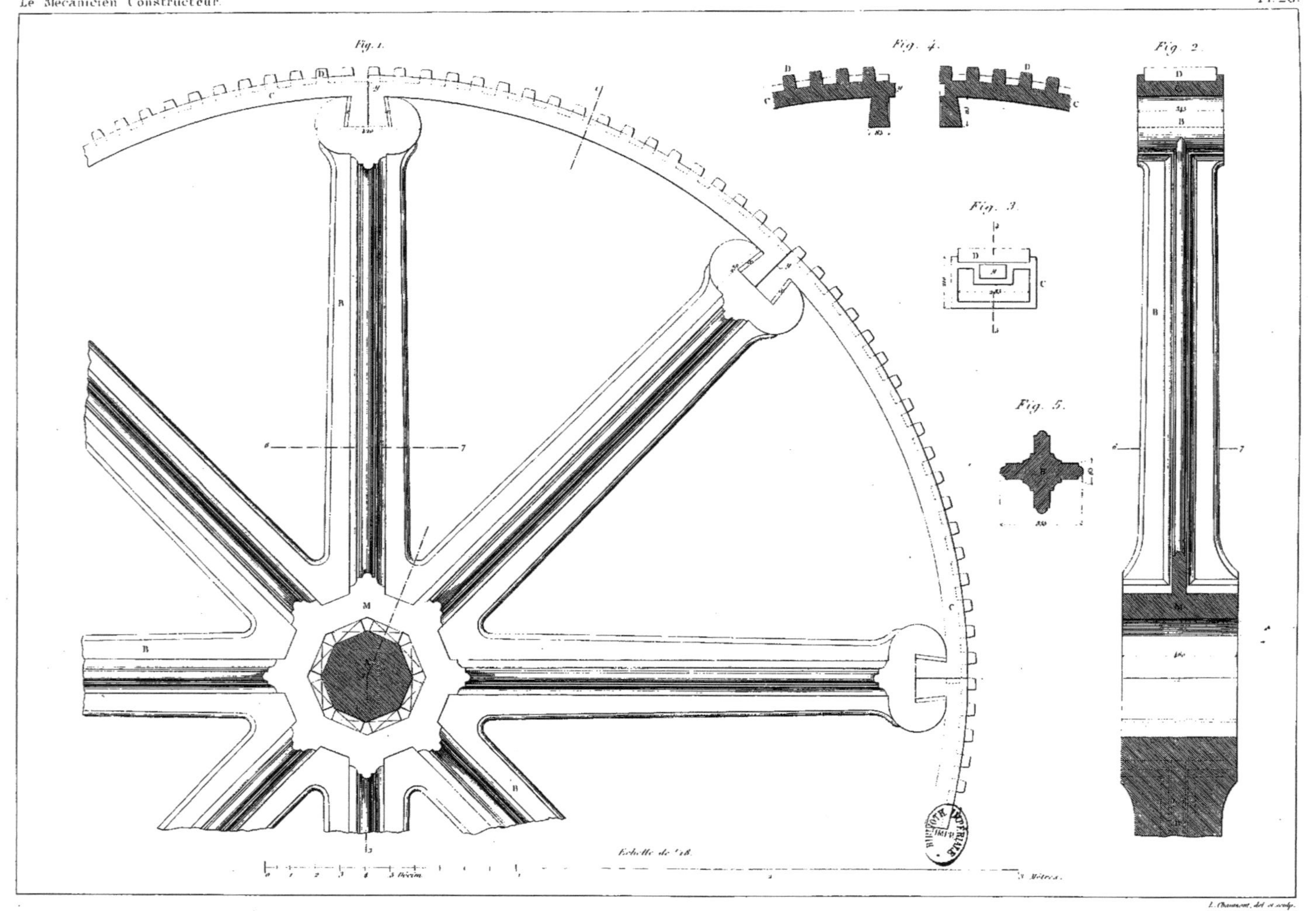

PIGNONS CYLINDRIQUES EN FONTE.

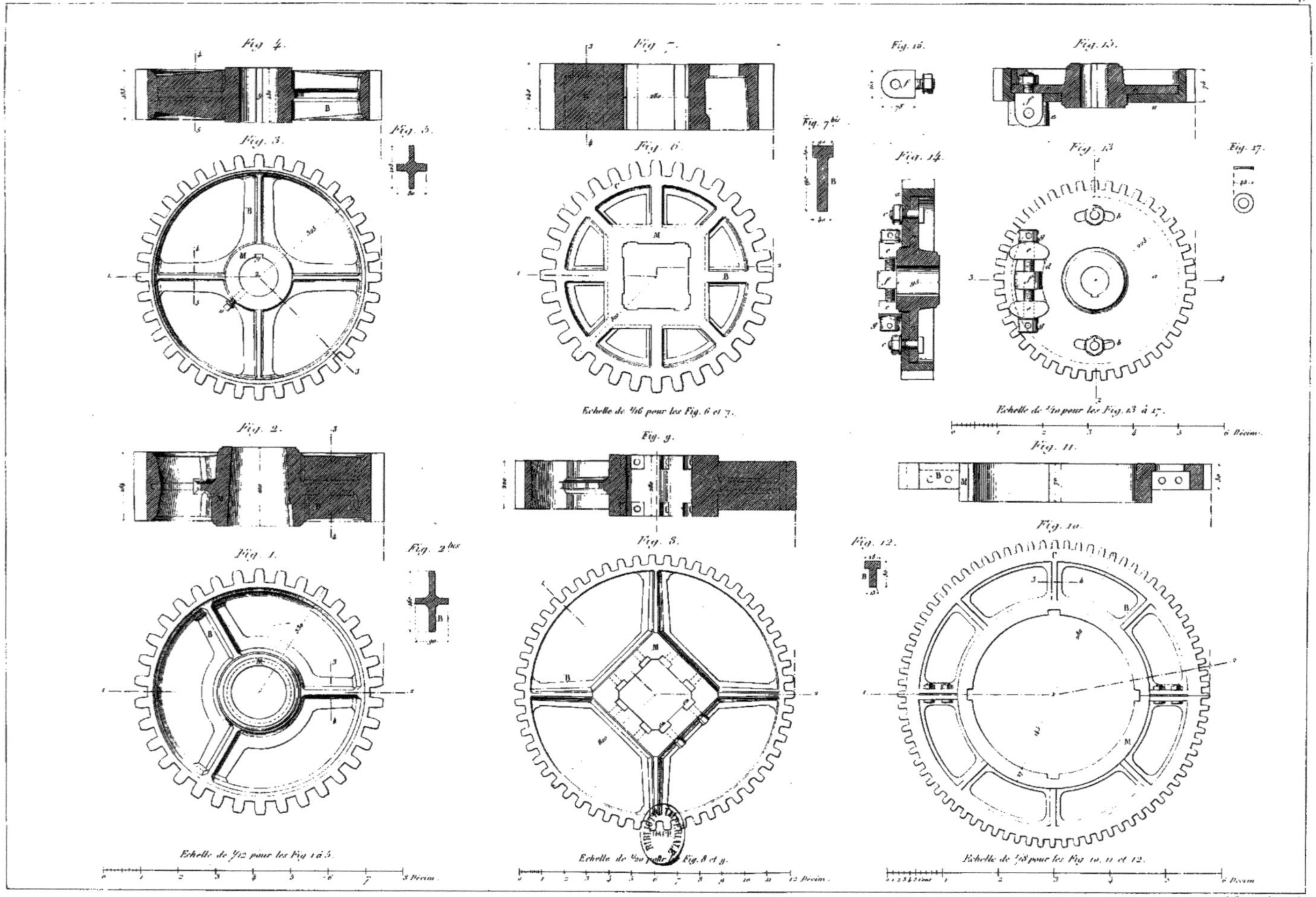

Fig. 4.

Fig. 3.

Fig. 5.

Fig. 7.

Fig. 6.

Fig. 7 bis.

Fig. 15.

Fig. 16.

Fig. 14.

Fig. 13.

Fig. 17.

Echelle de ⅙₆ pour les Fig. 6 et 7.

Echelle de ⅟₂₀ pour les Fig. 13 à 17.

Fig. 2.

Fig. 1.

Fig. 2 bis.

Echelle de ⅟₁₂ pour les Fig. 1 à 5.

Fig. 9.

Fig. 8.

Fig. 12.

Echelle de ⅟₂₀ pour les Fig. 8 et 9.

Fig. 11.

Fig. 10.

Echelle de ⅟₁₈ pour les Fig. 10, 11 et 12.

L. Chaumont, del. et sculp.

ENGRENAGES CYLINDRIQUES EN FONTE À DENTS DE BOIS.

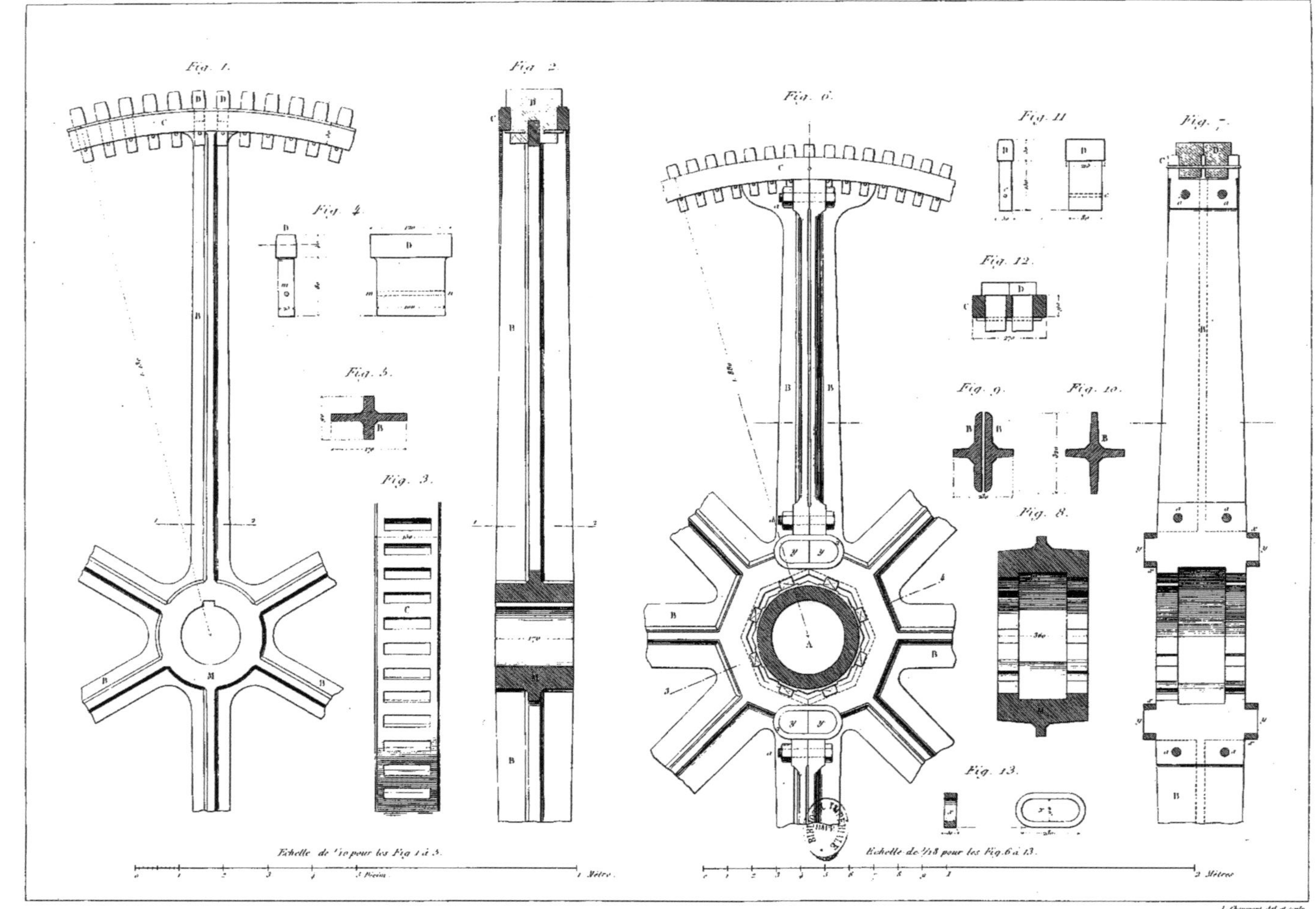

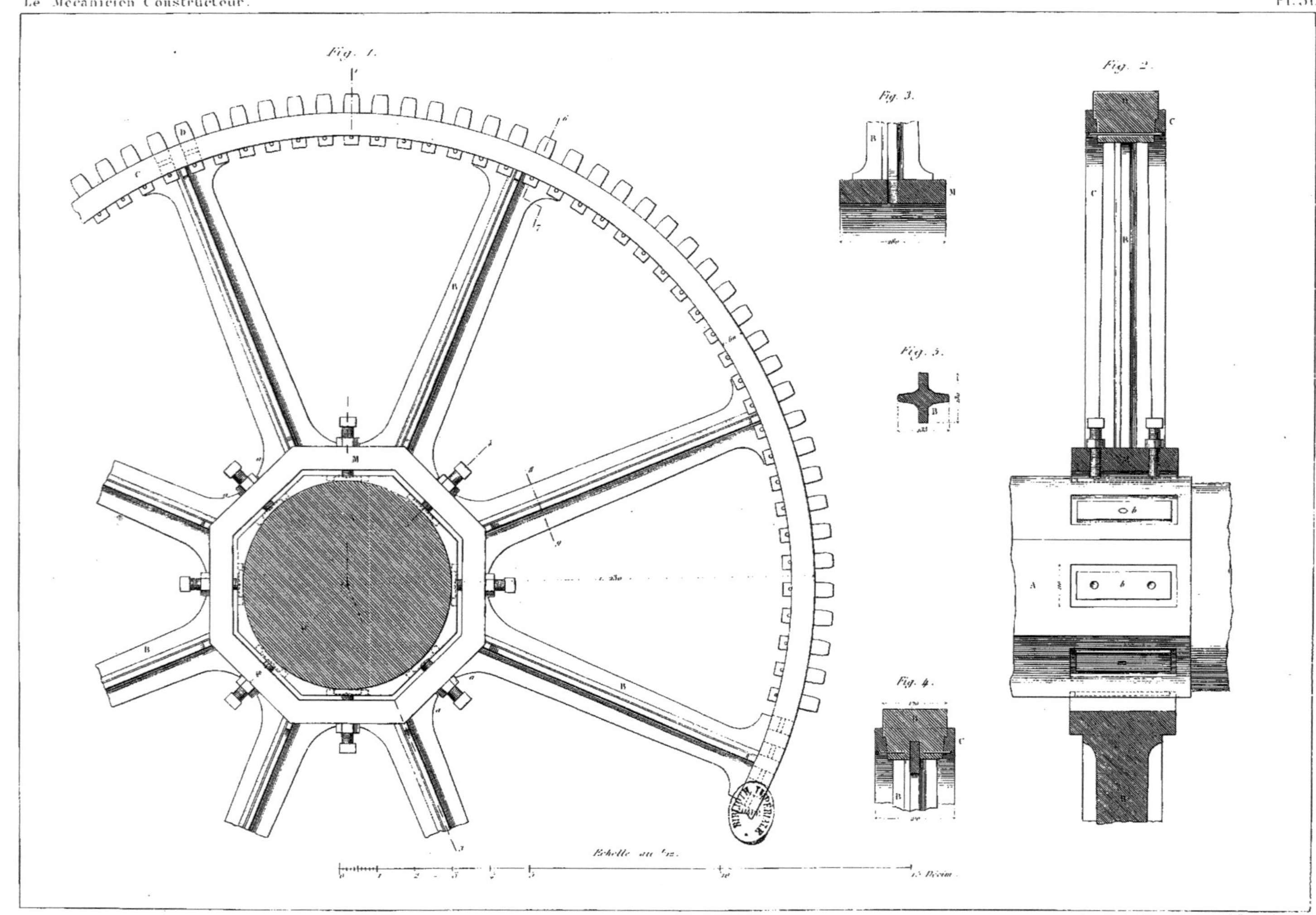

Le Mécanicien Constructeur.
ENGRENAGES CYLINDRIQUES EN FONTE À DENTS DE BOIS.
Pl. 51.
Fig. 1.
Fig. 2.
Fig. 3.
Fig. 4.
Fig. 5.
Échelle en m.

ENGRENAGE CYLINDRIQUE EN FONTE ET EN BOIS.

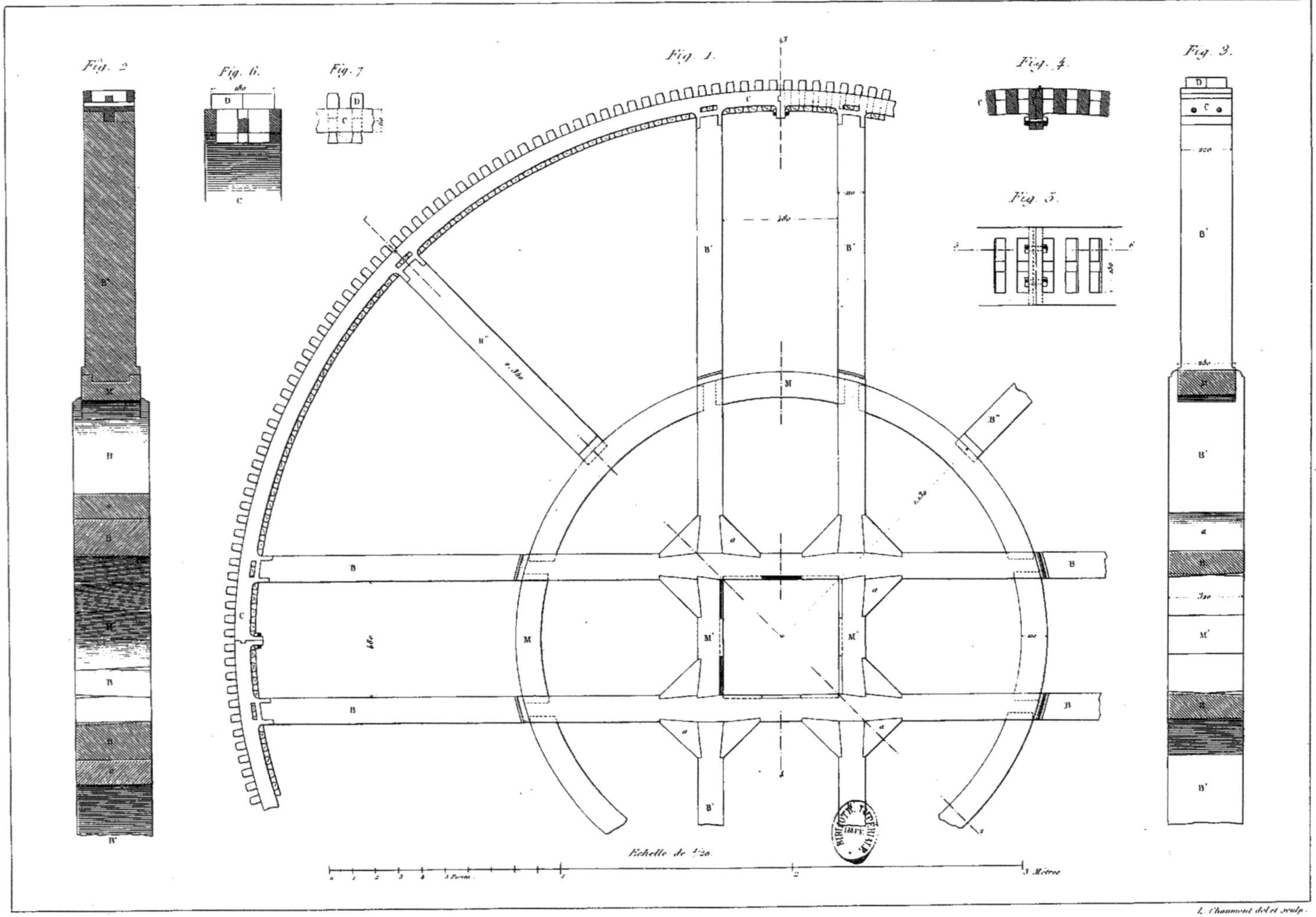
Fig. 2
Fig. 6.
Fig. 7
Fig. 1.
Fig. 4.
Fig. 5.
Fig. 3.
Echelle de 1/20.
3 Mètres

L. Chaumont del et sculp.

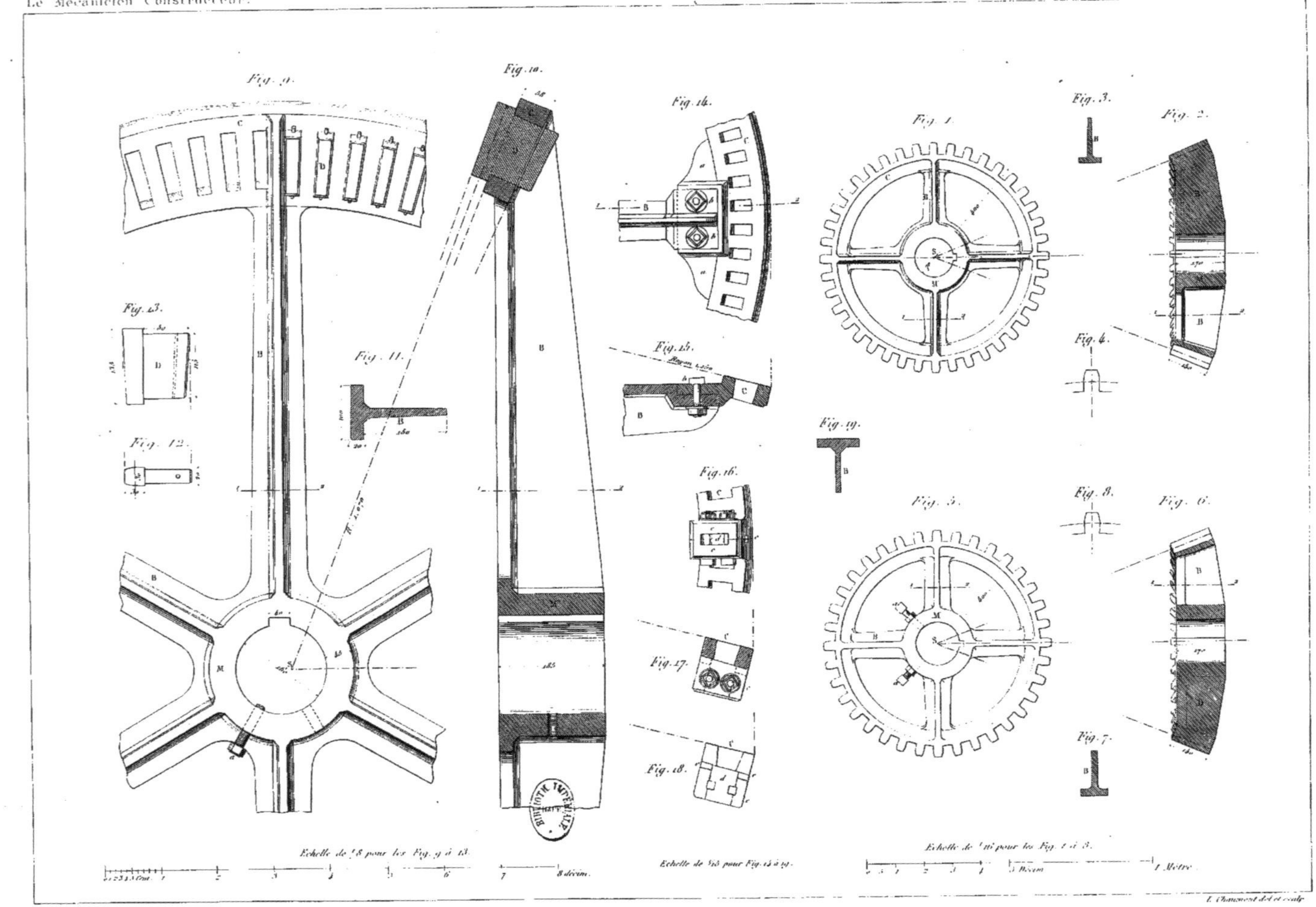

Fig. 9.
Fig. 10.
Fig. 14.
Fig. 1.
Fig. 3.
Fig. 2.
Fig. 23.
Fig. 11.
Fig. 15.
Fig. 4.
Fig. 12.
Fig. 19.
Fig. 16.
Fig. 5.
Fig. 8.
Fig. 6.
Fig. 17.
Fig. 18.
Fig. 7.
Echelle de 1/8 pour les Fig. 9 à 13.
Echelle de 1/13 pour Fig. 14 à 19.
Echelle de 1/16 pour les Fig. 1 à 8.
1 décim.
8 décim.
1 Mètre.
L. Chaumont del. et sculp.

ENGRENAGES CONIQUES EN FONTE À DOUBLES DENTS DE BOIS.

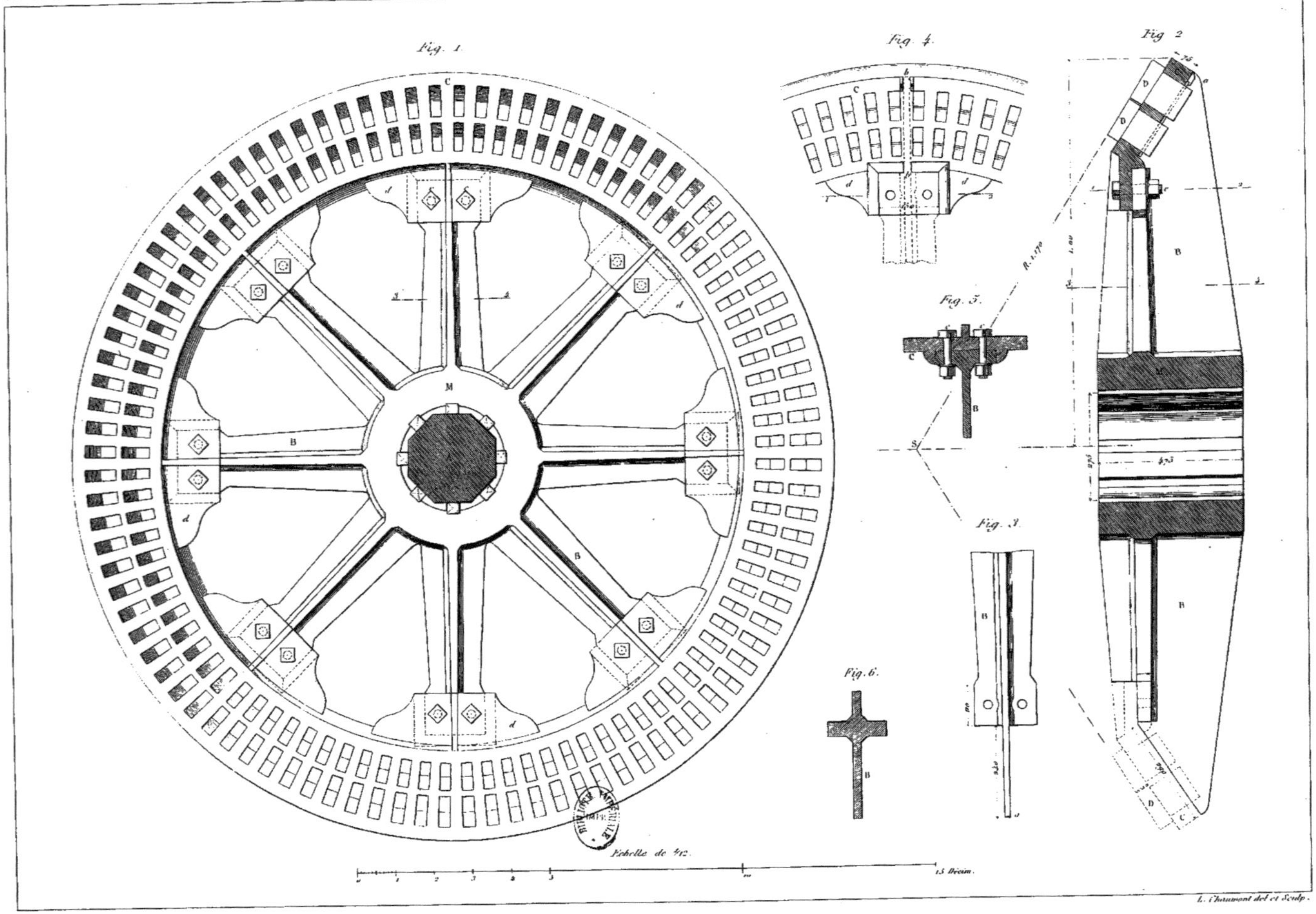

Fig. 1.

Fig. 4.

Fig. 2.

Fig. 5.

Fig. 3.

Fig. 6.

Échelle de 1/12.

15 Décim.

L. Thiriamont del et Sculp.

RÉUNION D'ENGRENAGES CYLINDRIQUES ET CONIQUES SUR LA MÊME ROUE.

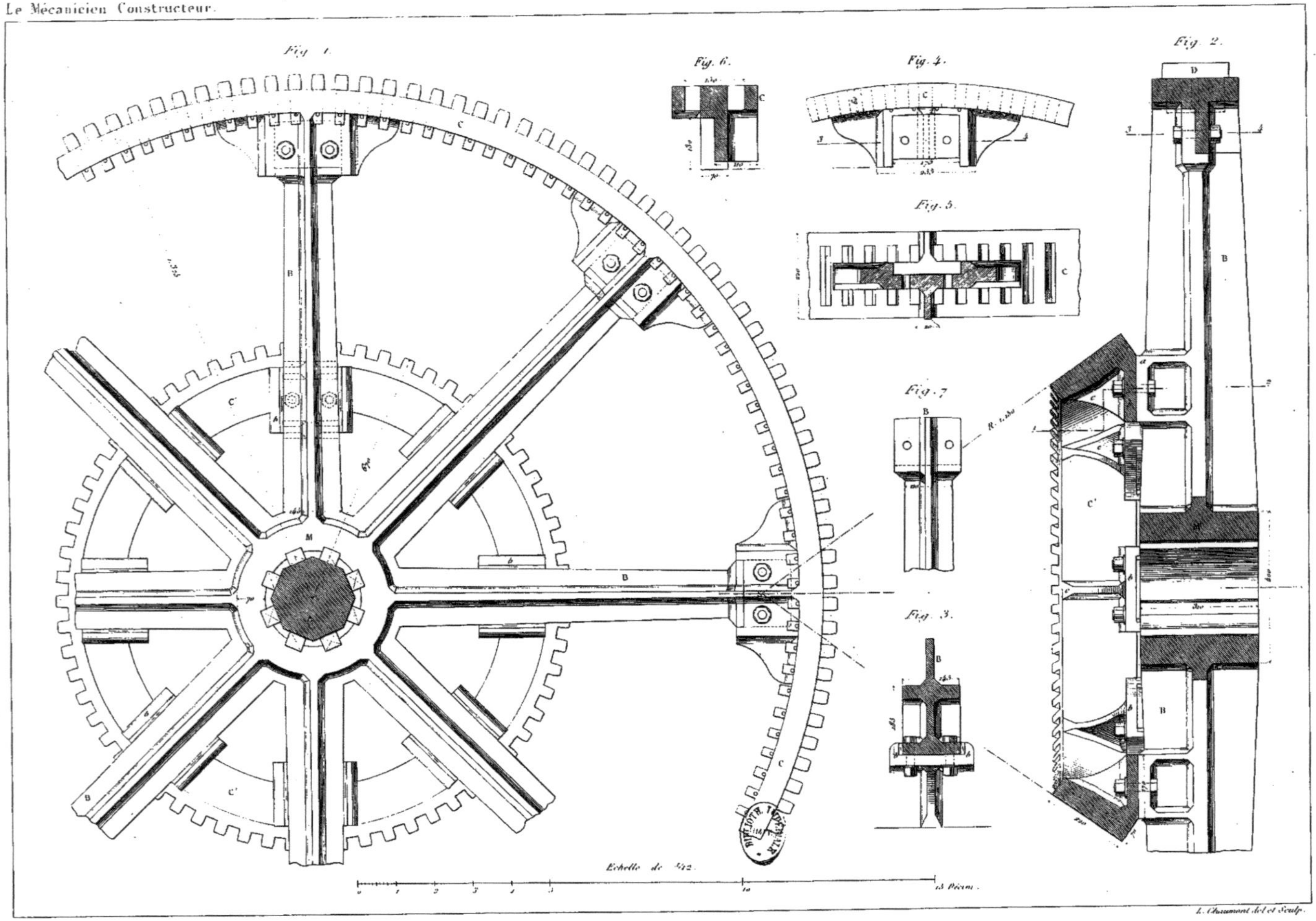

L. Chaumont del. et Sculp.

ROUE A ALLUCHONS ET LANTERNE.

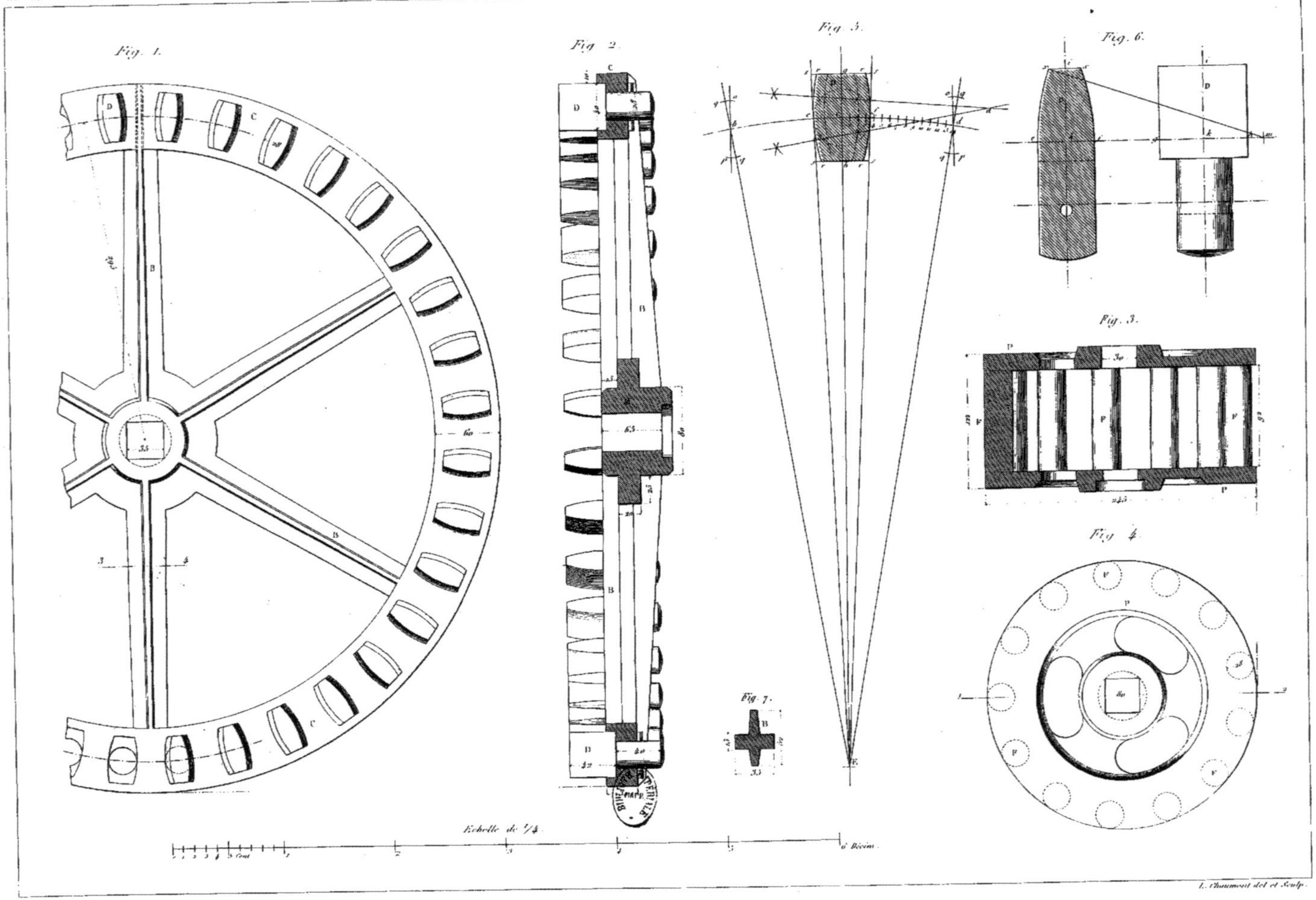

Fig. 1.

Fig. 2.

Fig. 5.

Fig. 6.

Fig. 3.

Fig. 4.

Fig. 7.

Échelle de 1/4

L. Chaumont del et Sculp.

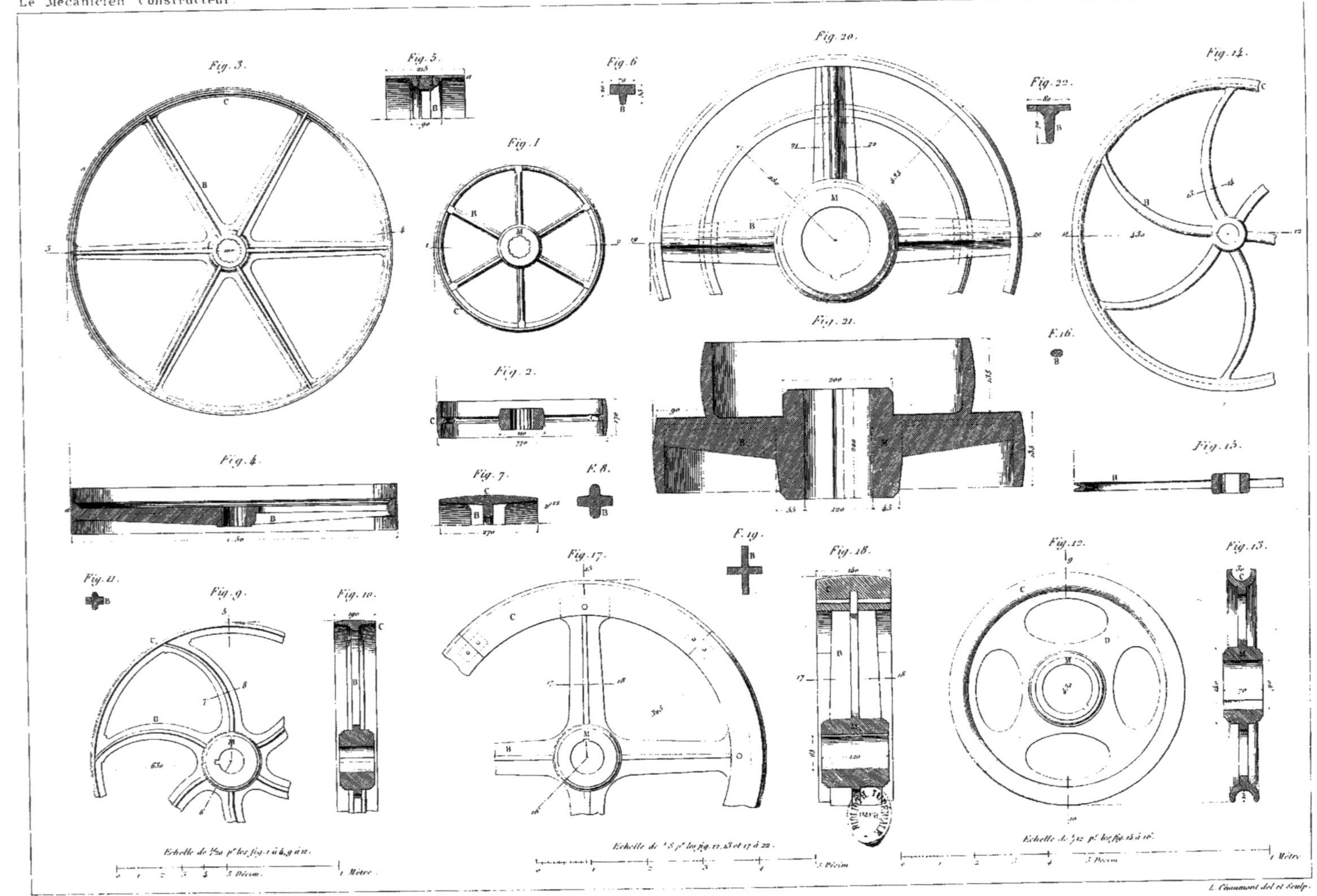

Fig. 3.
Fig. 5.
Fig. 6.
Fig. 20.
Fig. 22.
Fig. 14.
Fig. 1.
Fig. 21.
F. 16.
Fig. 2.
Fig. 4.
Fig. 7.
F. 8.
Fig. 15.
Fig. 11.
Fig. 9.
Fig. 10.
F. 19.
Fig. 17.
Fig. 18.
Fig. 12.
Fig. 13.
Echelle de 1/50 p.r les fig. 1 à 4, 9 à 11.
Echelle de 1/8 p.r les fig. 12, 13 et 17 à 22.
Echelle de 1/12 p.r les fig. 15 à 16.
Décim.
1 Mètre.
L. Chaumont del et Sculp.

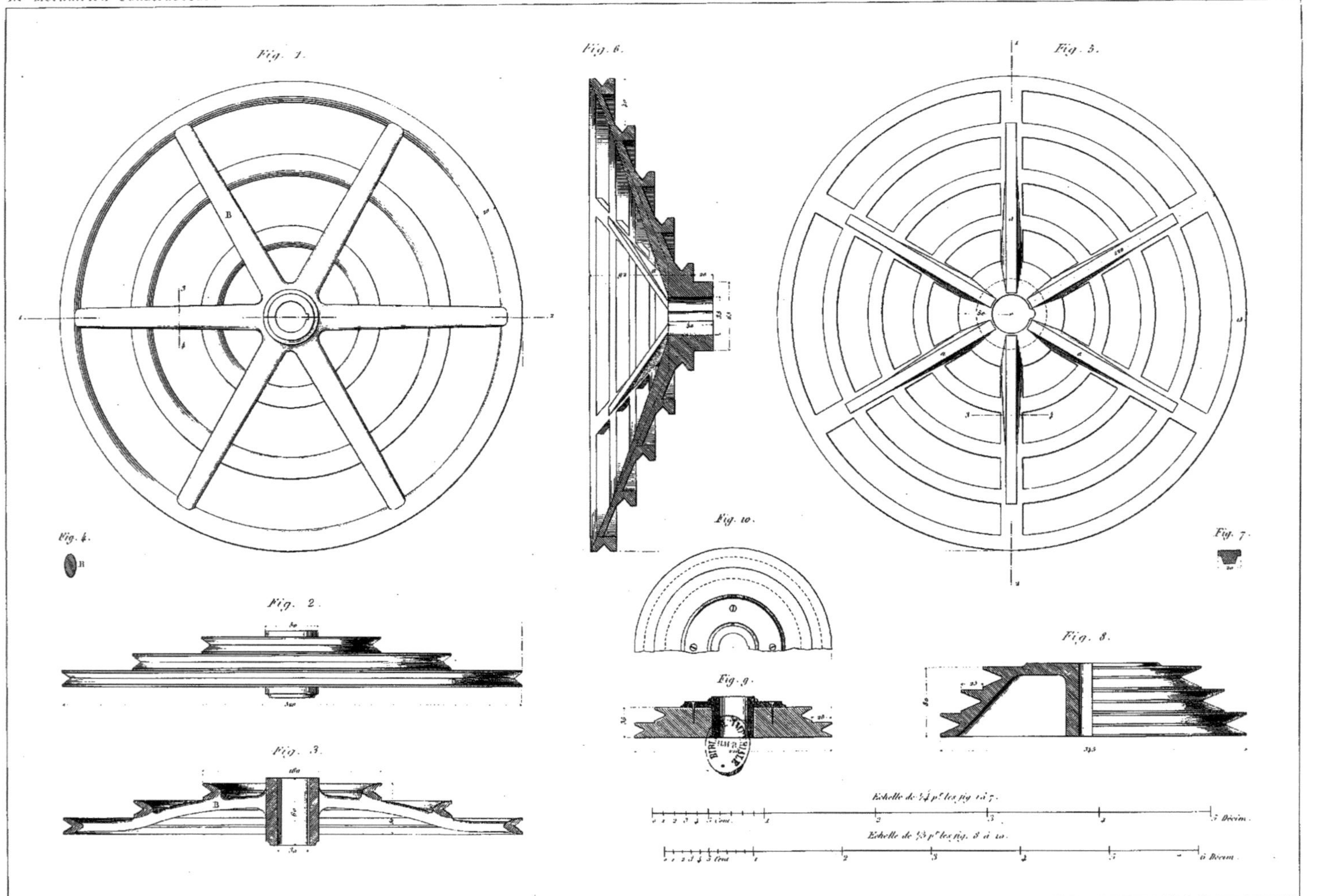

Fig. 1.
Fig. 6.
Fig. 5.
Fig. 4.
Fig. 2.
Fig. 3.
Fig. 10.
Fig. 7.
Fig. 8.
Fig. 9.
Echelle de 4/4 p.e les fig. 1 à 7.
Echelle de 1/3 p.e les fig. 8 à 10.
Décim.
Décim.

TAMBOUR ET POULIES DIVERSES.

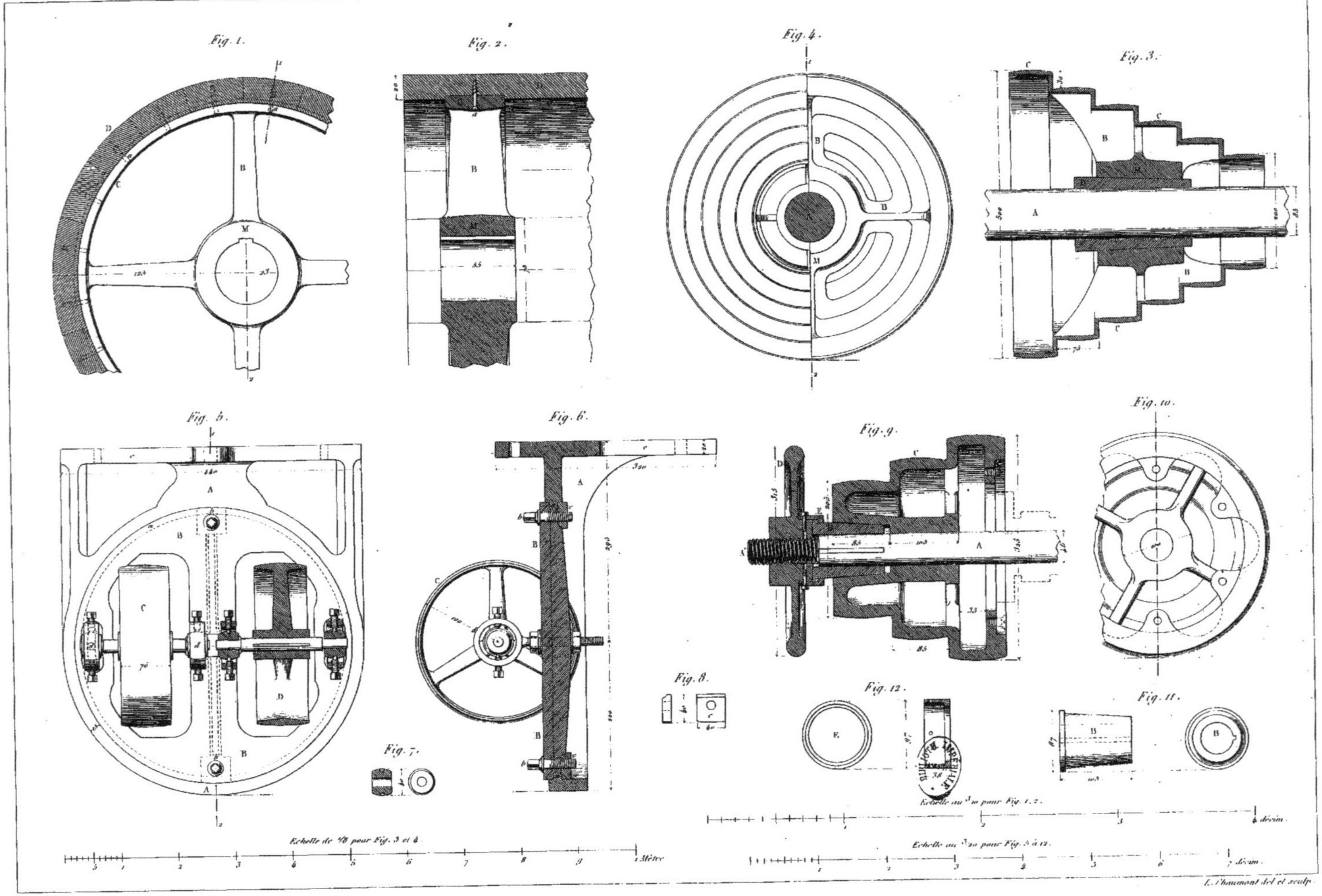

Fig. 1.

Fig. 2.

Fig. 4.

Fig. 3.

Fig. 5.

Fig. 6.

Fig. 9.

Fig. 10.

Fig. 7.

Fig. 8.

Fig. 12.

Fig. 11.

Echelle de 1/8 pour Fig. 3 et 4

1 Mètre

Echelle au 1/20 pour Fig. 5 à 12.

Echelle au 1/10 pour Fig. 1.2.

1 décim.

1 décim.

L. Chaumont del et sculp.

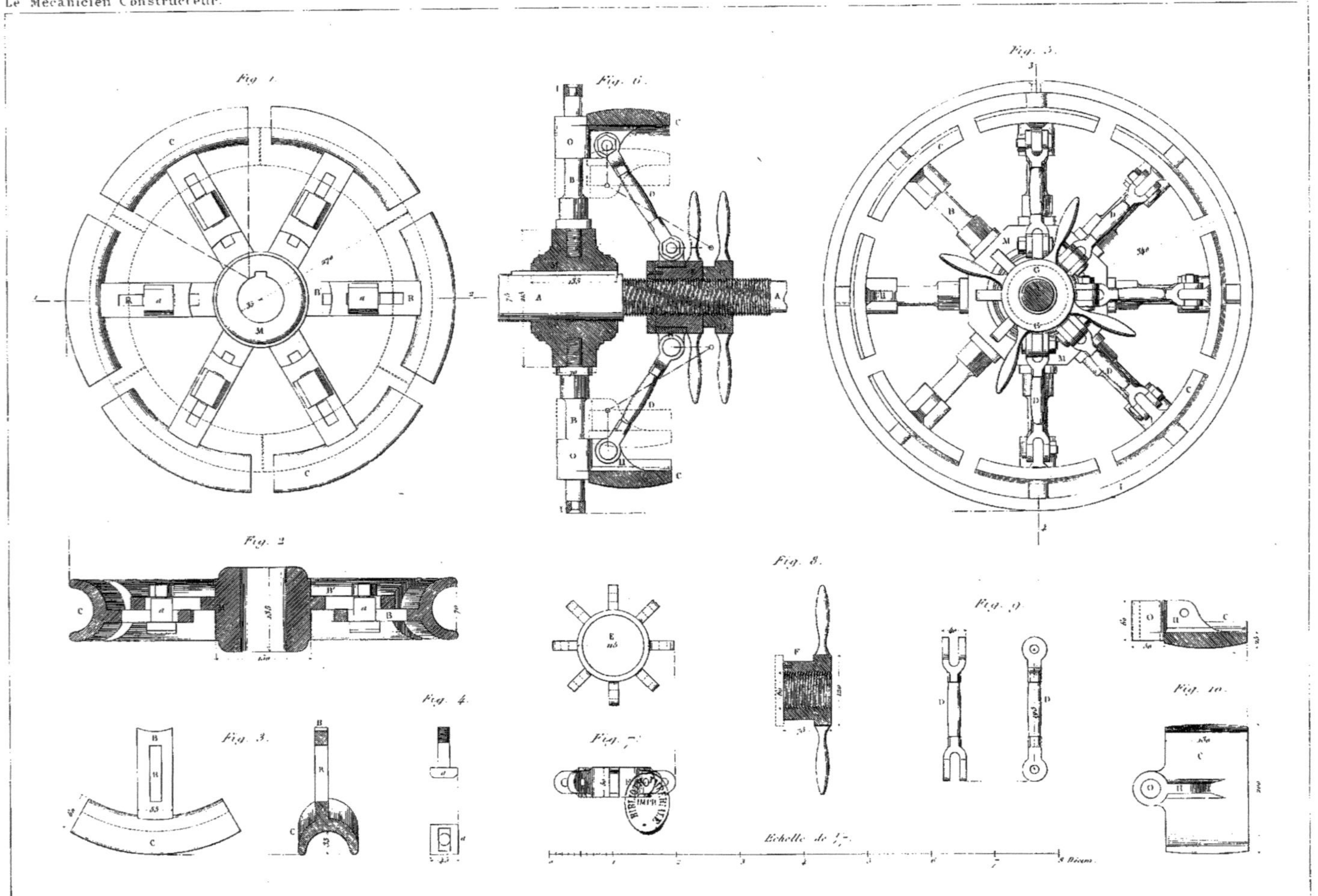

Fig. 1.
Fig. 6.
Fig. 5.
Fig. 2.
Fig. 8.
Fig. 9.
Fig. 3.
Fig. 4.
Fig. 7.
Fig. 10.
Echelle de 1/5.
L. Chaumont del. et Sculp.

Fig. 1.

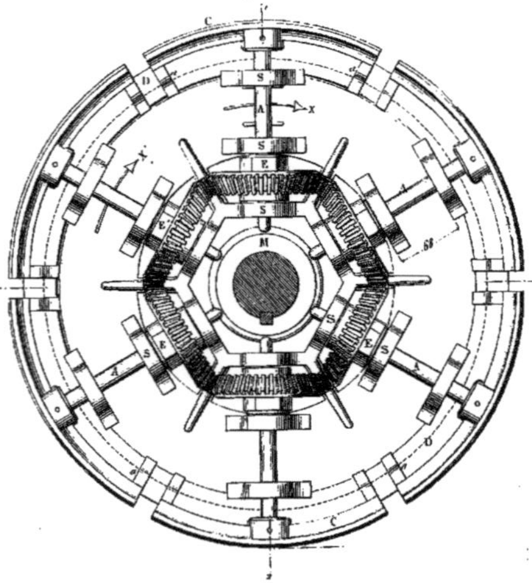

Fig. 2.

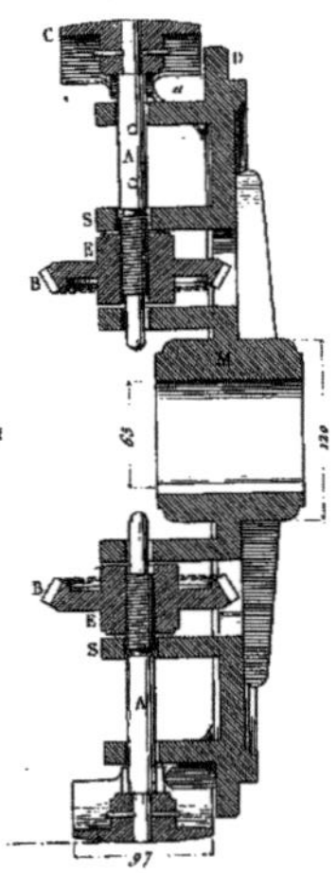

Fig. 9.

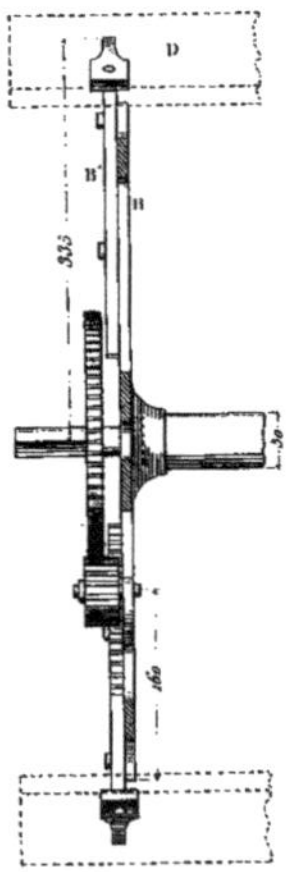

Fig. 8.

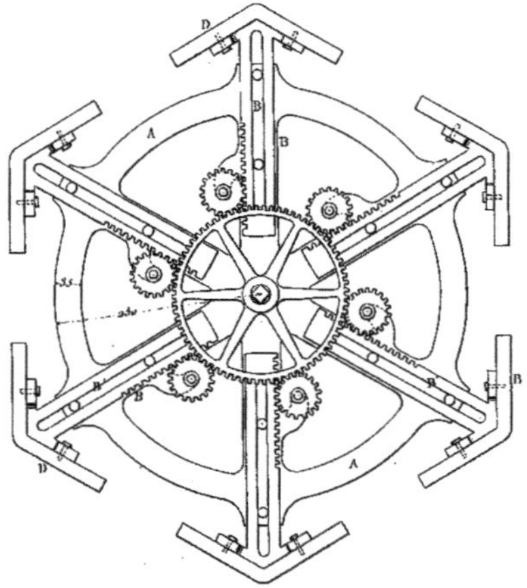

Fig. 4.

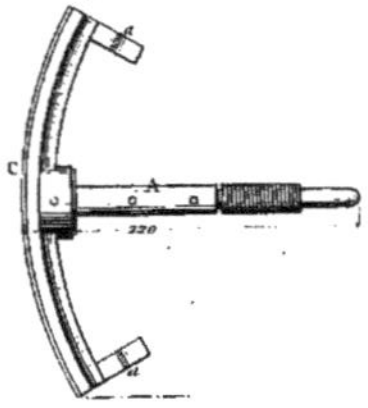

Fig. 5.

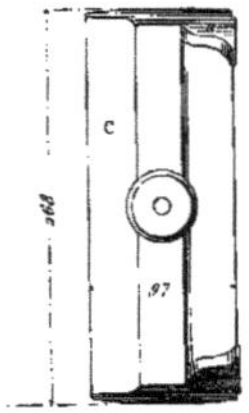

Fig. 6.

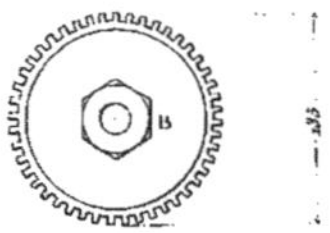

Fig. 7.

Fig. 3.

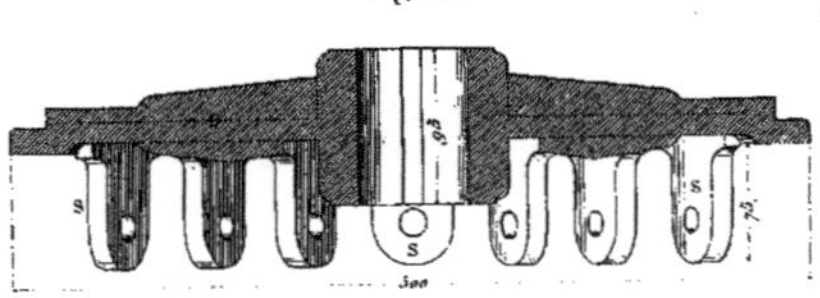

Echelle de 1/8 pour fig. 8 et 9.

Echelle de o. 16 pour fig. 1 à 7.

L. Chaumont del et Sculp.

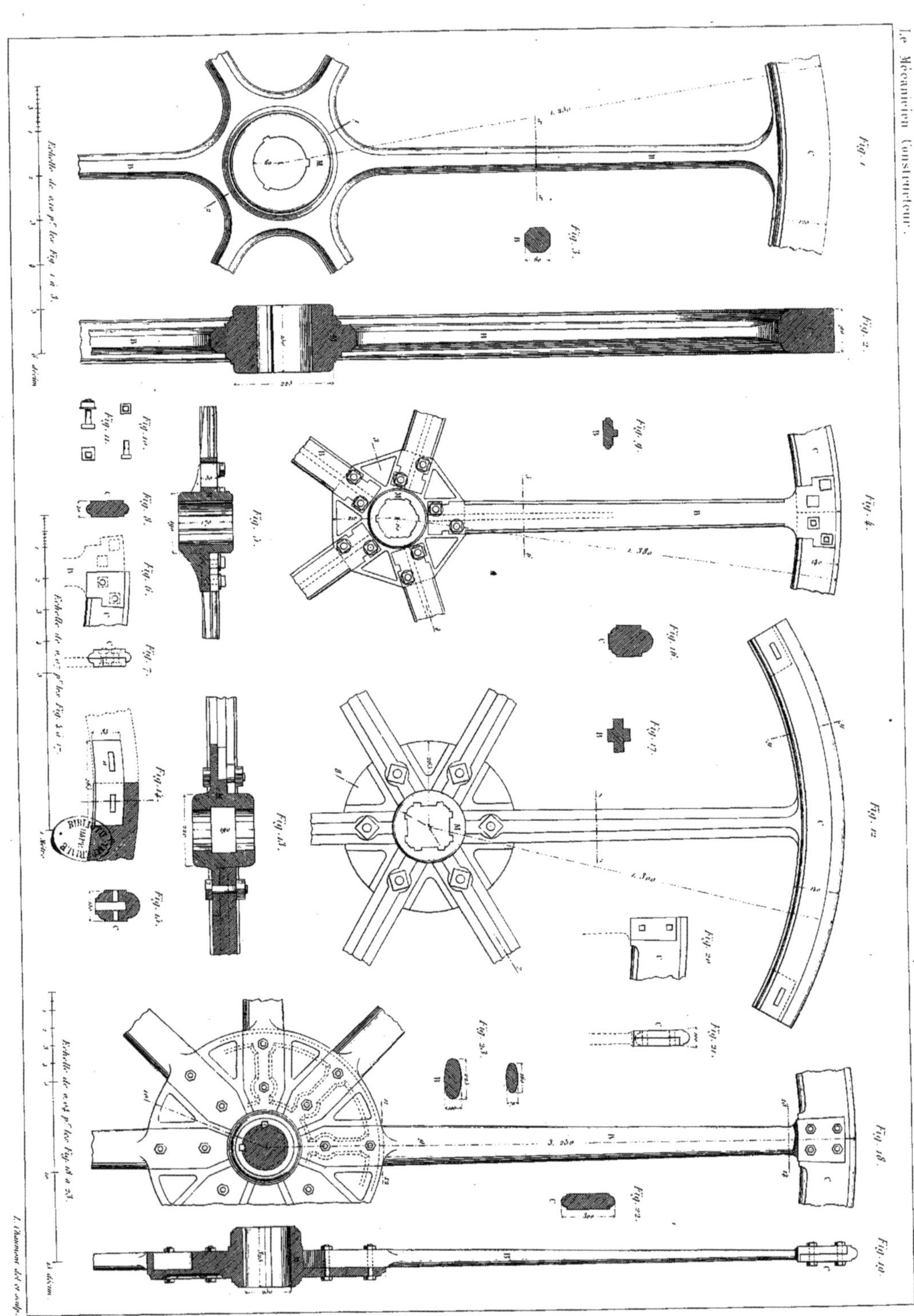

VOLANTS ET ASSEMBLAGES DIVERS.

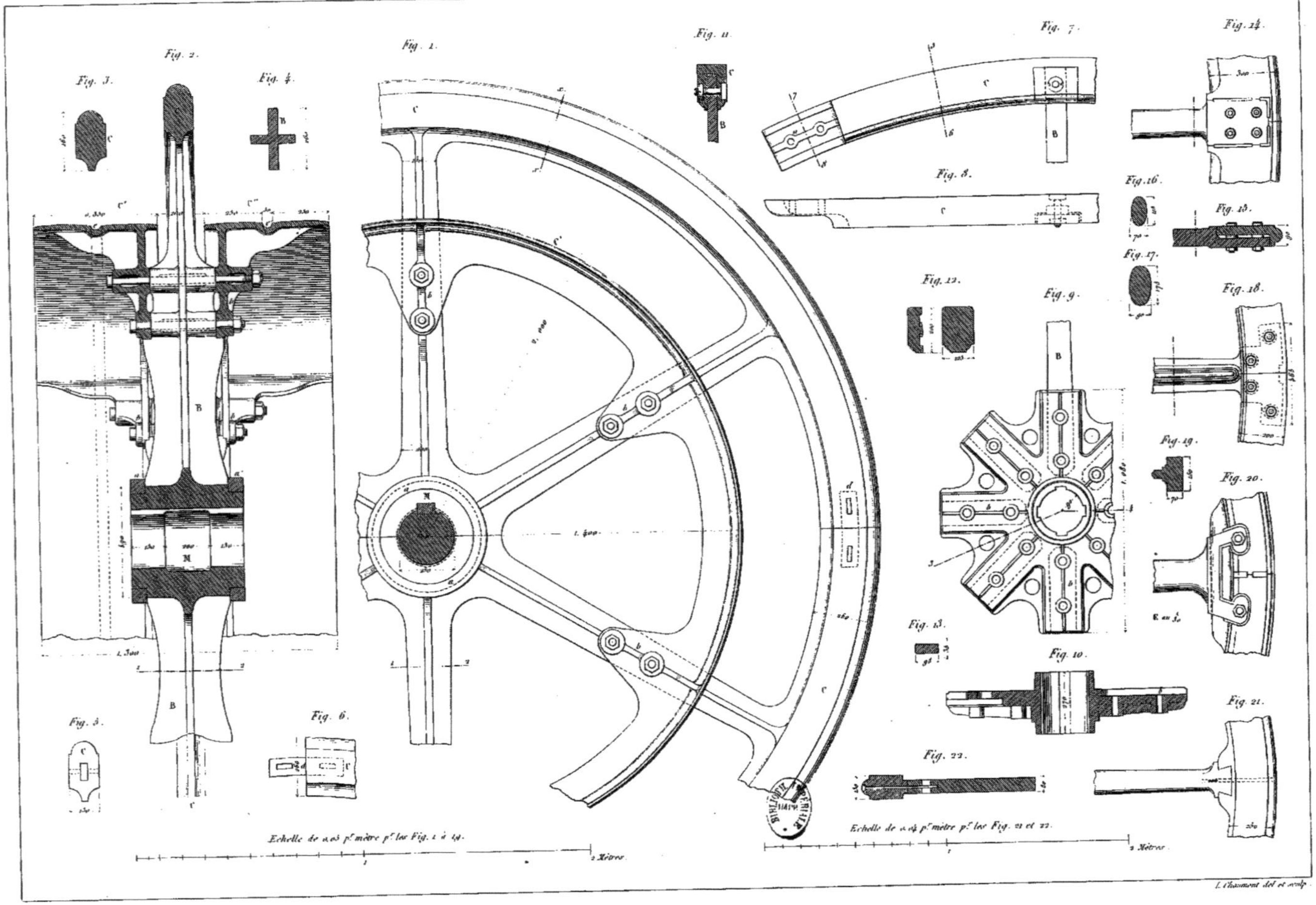
Fig. 1.
Fig. 2.
Fig. 3.
Fig. 4.
Fig. 5.
Fig. 6.
Fig. 7.
Fig. 8.
Fig. 9.
Fig. 10.
Fig. 11.
Fig. 12.
Fig. 13.
Fig. 14.
Fig. 15.
Fig. 16.
Fig. 17.
Fig. 18.
Fig. 19.
Fig. 20.
Fig. 21.
Fig. 22.
Echelle de 0,05 p.r mètre p.r les Fig. 1 à 19.
2 Mètres.
Echelle de 0,04 p.r mètre p.r les Fig. 21 et 22.
2 Mètres.

L. Chaumont del. et sculp.

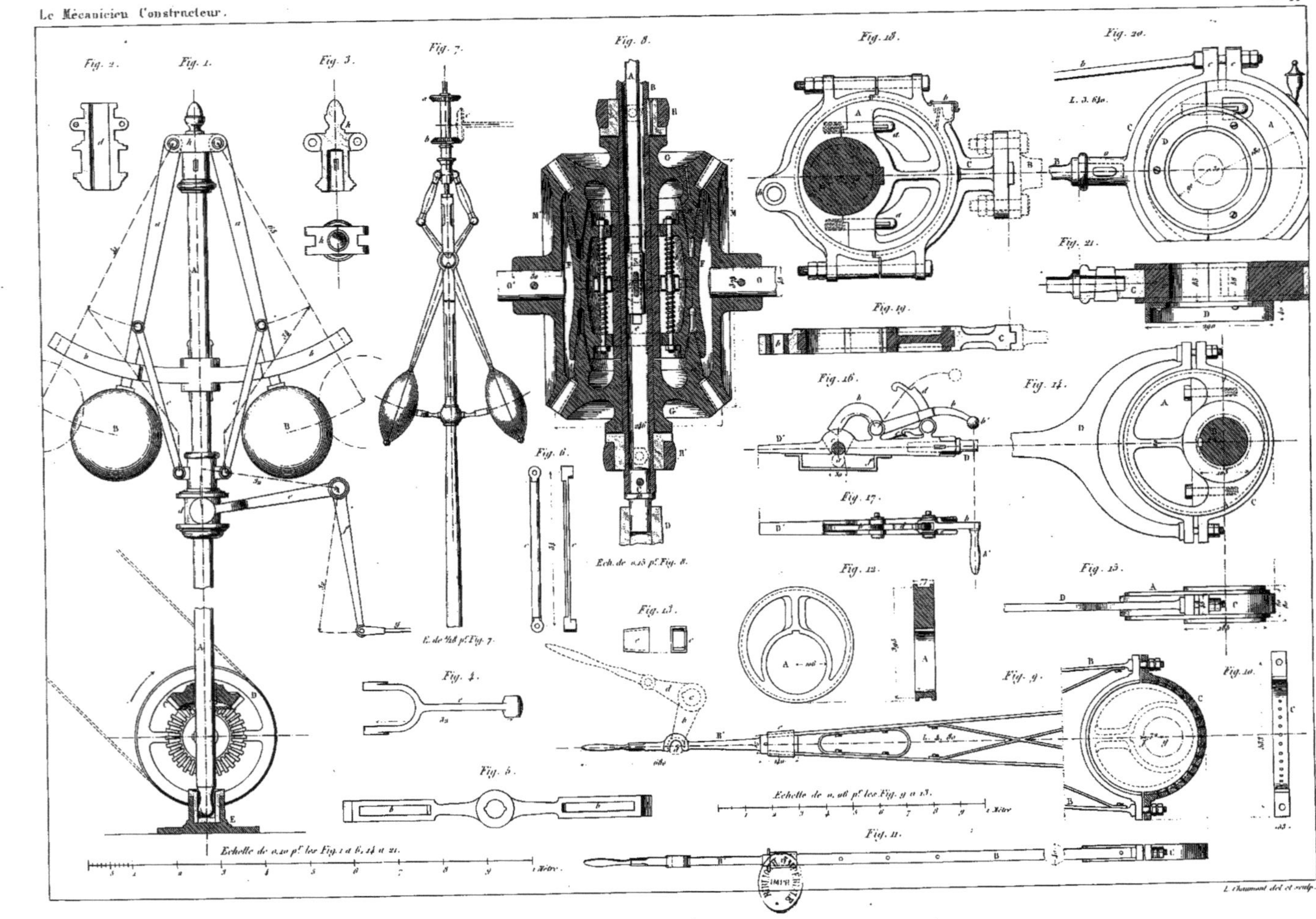

Fig. 2.
Fig. 1.
Fig. 3.
Fig. 7.
Fig. 8.
Fig. 18.
Fig. 20.
Fig. 21.
Fig. 19.
Fig. 16.
Fig. 14.
Fig. 17.
Fig. 6.
Fig. 15.
Fig. 12.
Fig. 13.
Fig. 4.
Fig. 9.
Fig. 10.
Fig. 5.
Fig. 11.
Ech. de 0.13 p.r Fig. 8.
E. de 0.08 p.r Fig. 7.
Echelle de 0.10 p.r les Fig. 1 à 6, 14 à 21.
Echelle de 0.08 p.r les Fig. 9 à 13.
1 Mètre.
L. Chaumont del. et sculp.

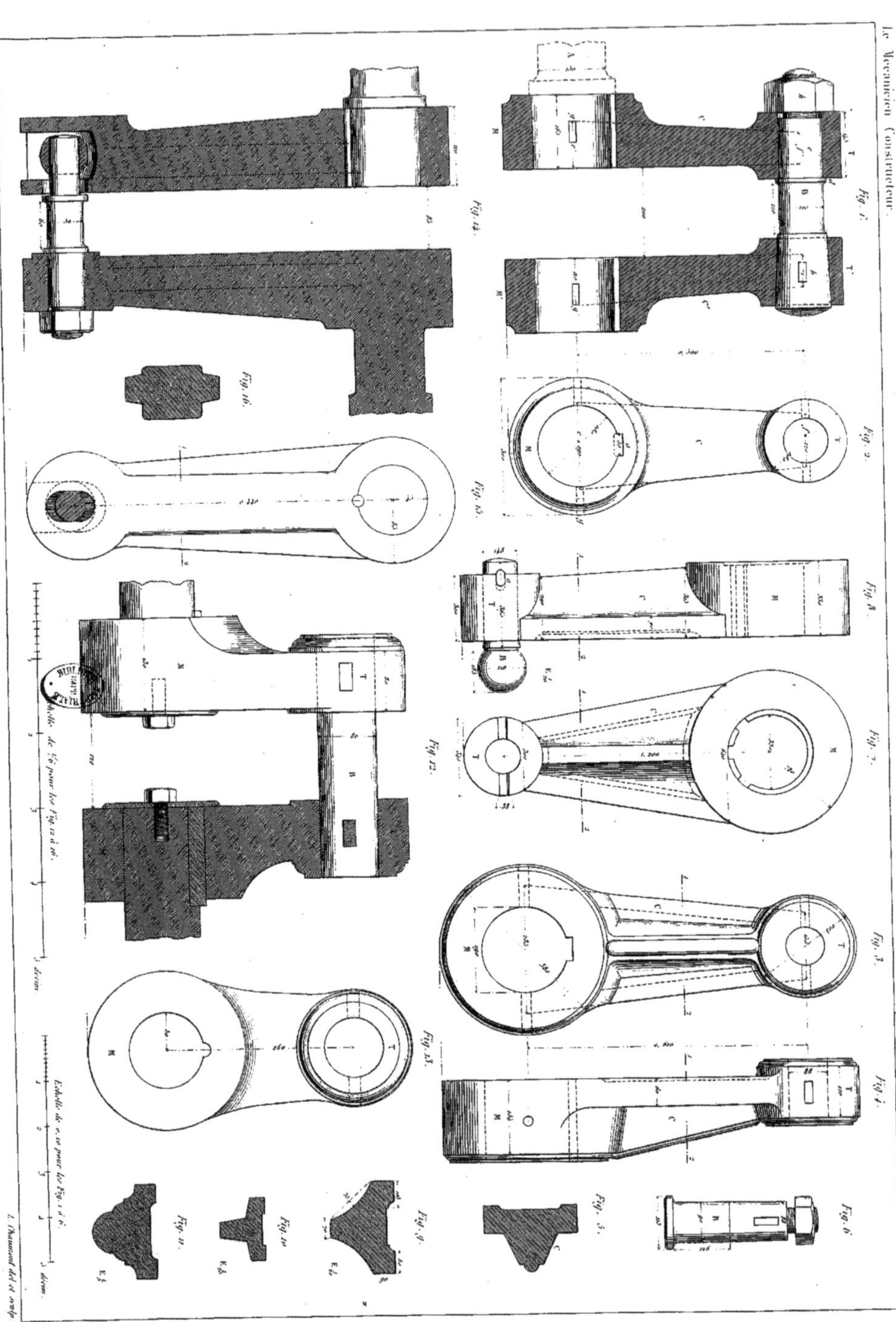

Le Mécanicien Constructeur.

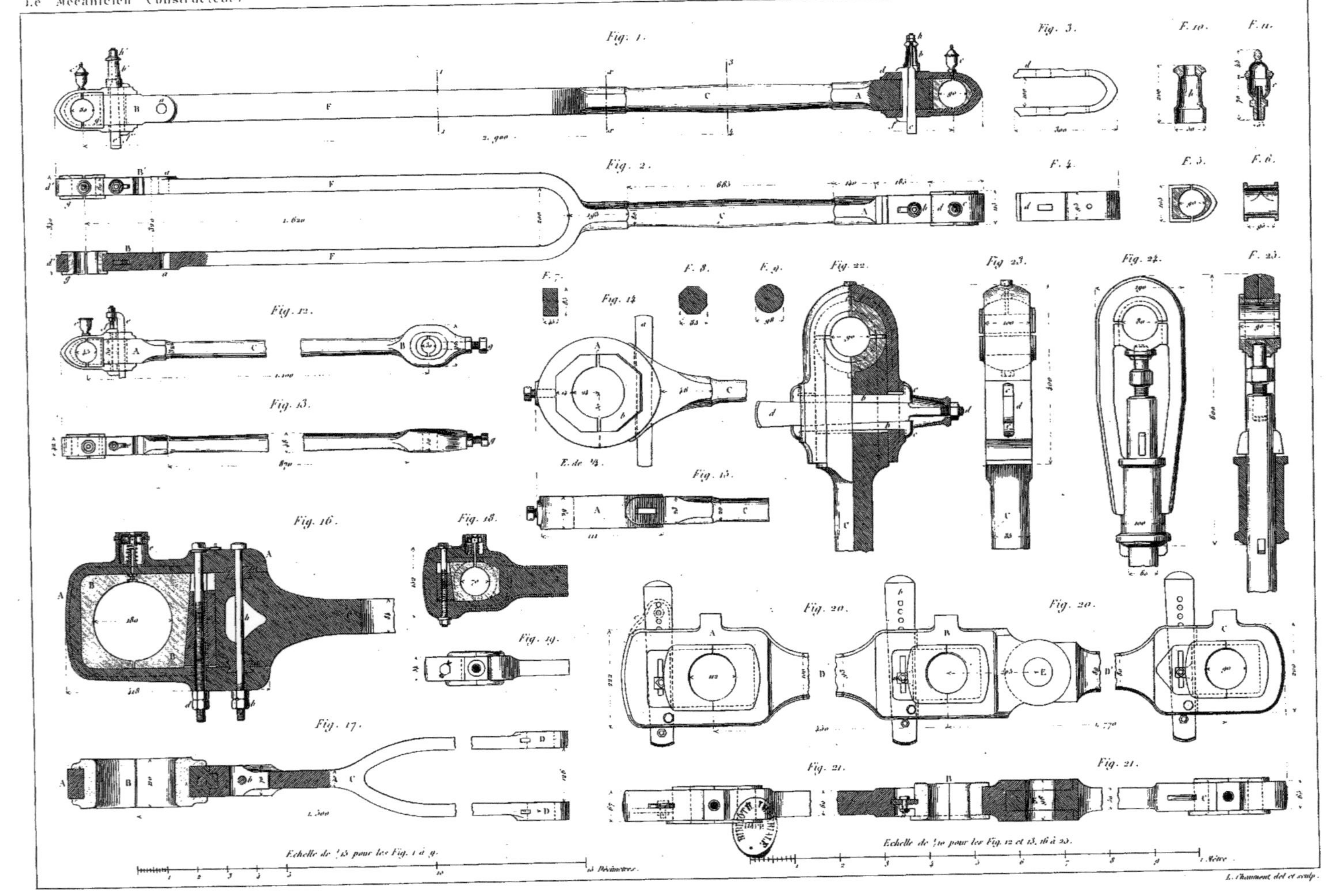

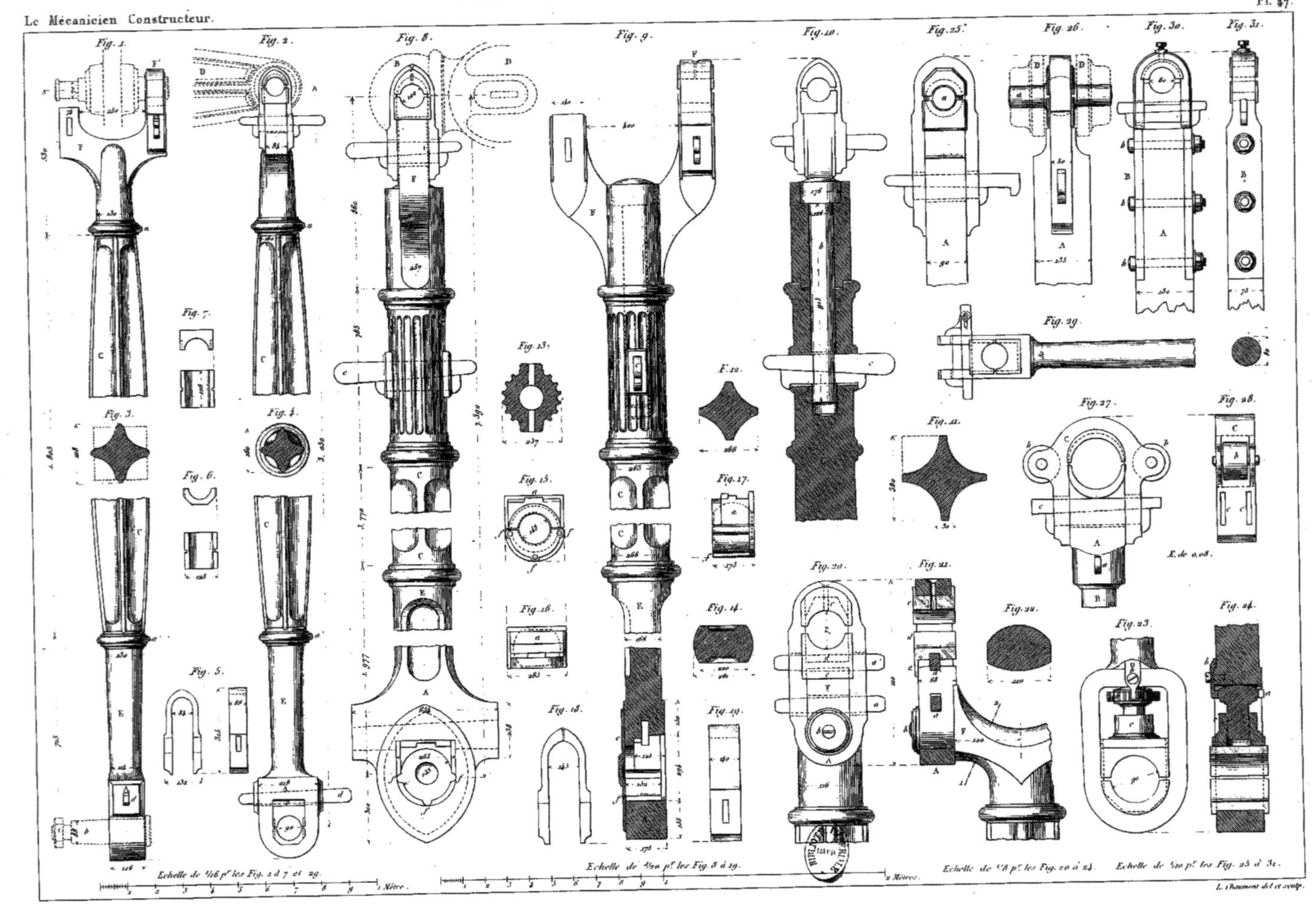
BIELLES EN FONTE EN FER ET EN BOIS.
Pl. 47.
Fig. 1. Fig. 2. Fig. 8. Fig. 9. Fig. 10. Fig. 25. Fig. 26. Fig. 30. Fig. 31.
Fig. 7.
Fig. 13.
Fig. 3. Fig. 4. Fig. 12. Fig. 11. Fig. 29.
Fig. 6. Fig. 15. Fig. 17. Fig. 27. Fig. 28.
Fig. 16. Fig. 14. Fig. 20. Fig. 21. Fig. 22. Fig. 23. Fig. 24.
Fig. 5. Fig. 18. Fig. 19.
Echelle de 1/16 p.r les Fig. 1 d 7 et 29.
1 Mètre.
Echelle de 1/20 p.r les Fig. 8 à 19.
2 Mètres.
Echelle de 1/8 p.r les Fig. 20 à 24.
Echelle de 1/10 p.r les Fig. 25 à 31.
L. Thoumont del et sculp.

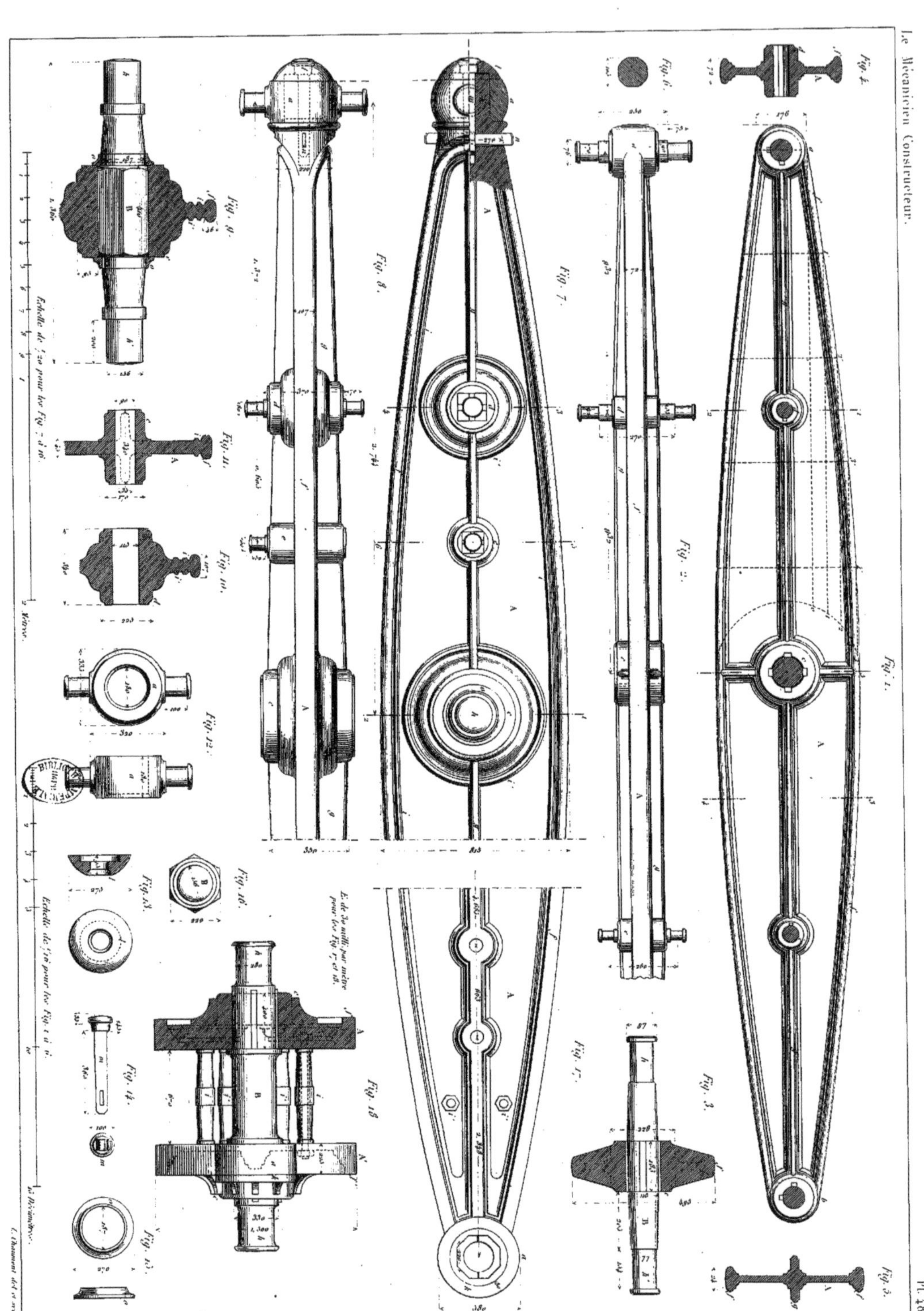

BALANCIERS EN FONTE EN FER ET EN BOIS.

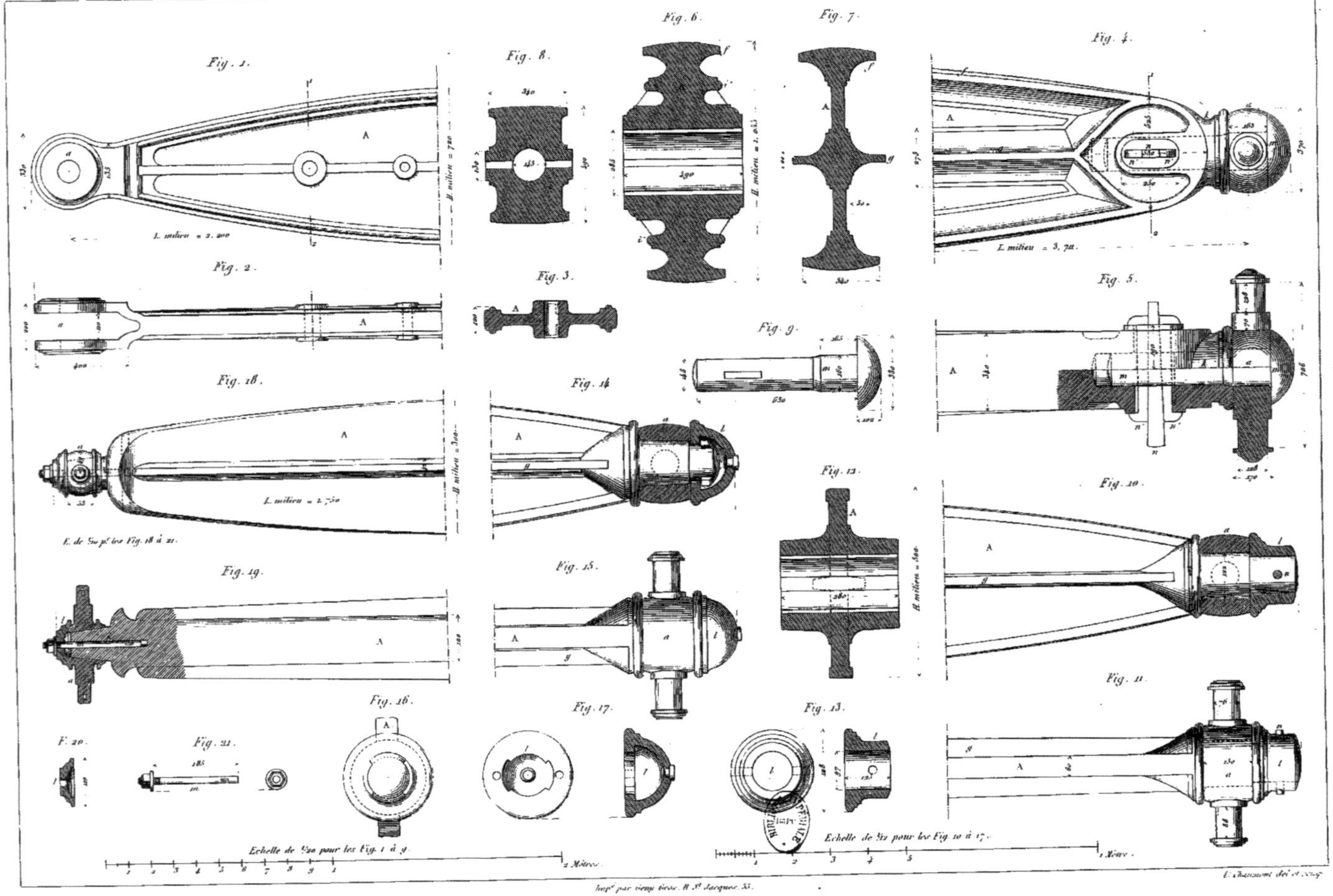
Fig. 1.
L. milieu = 2.200
H. milieu = 720
Fig. 2.
Fig. 3.
Fig. 4.
L. milieu = 3, 711.
Fig. 5.
Fig. 6.
H. milieu = 1, 035
Fig. 7.
Fig. 8.
Fig. 9.
Fig. 10.
Fig. 11.
Fig. 12.
H. milieu = 300
Fig. 13.
Fig. 14
Fig. 15.
Fig. 16.
Fig. 17.
Fig. 18.
L. milieu = 1, 750
H. milieu = 300
E. de 5/10 p.r les Fig. 18 à 21.
Fig. 19.
F. 20.
Fig. 21.
Echelle de 1/20 pour les Fig. 1 à 9.
2 Mètres.
Echelle de 1/12 pour les Fig. 10 à 17.
1 Mètre.

Impr. par Vieux Gros. R. St Jacques. 33.

L. Chansont del. et sculp.